AF497966

EMPRENDE TU SUEÑO

Alfredo Olvera

EMPRENDE TU SUEÑO

Una guía para emprendedores
que quieren conectar, crecer y
prosperar

Primera edición: mayo de 2025
ISBN: 978-84-1090-289-3
Depósito legal: B 10822-2025
Copyright © 2025 Alfredo Olvera
Editado por Editorial Letra Minúscula
www.letraminuscula.com
contacto@letraminuscula.com

ÍNDICE

PRÓLOGO

A lo largo de mi carrera he tenido la dicha de formar, acompañar y observar el crecimiento de cientos de conferencistas, líderes y emprendedores en el mundo hispano. Pero muy pocos destacan no solo por lo que saben o por lo que hacen, sino por la **autenticidad con la que viven y comparten su mensaje.**

Uno de ellos es **Alfredo Olvera.**

Alfredo no solo es un emprendedor exitoso. Es un hombre de valores, de visión, de acción. Lo he visto tomar el micrófono no para presumir lo que ha logrado, sino para inspirar a otros desde lo más profundo de su historia personal. Y eso, en un mundo lleno de voces, lo hace único.

Cuando me compartió que estaba escribiendo este libro, supe que sería especial. Porque **no viene desde la teoría, sino desde la experiencia.** Porque cada palabra, cada capítulo y cada consejo que leerás aquí nace de su propio recorrido: de sus retos, sus caídas, sus logros... y sobre todo, de su evolución como ser humano.

"Emprende Tu Sueño" no es solo una guía para iniciar un negocio. Es una invitación valiente a tomar el control de tu vida, a romper excusas, a cambiar tu forma de pensar y actuar. Es el tipo de libro que no solo lees: lo aplicas, lo sientes y lo vives.

Y si tú estás leyendo esto, es porque tienes un sueño. Así que no lo ignores. Abraza este libro como un mapa, como un impulso, como esa voz amiga que te dice: **"Sí puedes. Y aquí está el cómo."**

Gracias, Alfredo, por atreverte a compartir tu mensaje con el mundo.

Y a ti, lector, bienvenida(o) a este viaje que puede cambiar tu historia.

Francisco Yañez
Coach de los conferencistas
Presidente de la Asociación
de Conferencistas Hispanos

INTRODUCCIÓN

CÓMO NACIÓ ESTE LIBRO

Dicen que un libro se escribe para resolver un problema o para dejar un legado. En mi caso, este libro nació de una conversación con mi esposa, quien siempre soñó con tener su propio negocio, ya sea una tienda de ropa o una franquicia. Durante esa charla, me compartió sus ganas de emprender, y yo, desde mi experiencia, le comenté que no se trata solo de tener el deseo de hacerlo, sino de desarrollar ciertas habilidades y conocimientos que son fundamentales para aumentar las posibilidades de éxito.

Le expliqué que aunque una franquicia, en teoría, ofrece sistemas y manuales ya establecidos, el éxito nunca está garantizado. Recuerdo el caso de un McDonald's que abrieron en los años 90 en Hidalgo, Texas, y que terminó cerrando, a pesar de ser una marca tan fuerte. Le dije: «Está muy bien tener las ganas de emprender, eso lo aplaudo, pero necesitas más que solo eso. Es importante tener una base de conocimientos, aunque muchas cosas las aprenderás sobre la marcha. Entender lo básico de contabilidad, finanzas, liderazgo y administración puede marcar la diferencia».

Nuestra conversación quedó allí, pero me dejó pensando. Durante días, esa idea rondaba mi mente. ¿Y si pudiera compartir mi experiencia en un libro que ayude no solo a mi esposa, sino a todas aquellas personas que, como ella, tienen el deseo de emprender, pero no saben por dónde empezar?

LA EXPERIENCIA DE MI ESPOSA

Meses después, nuestra vida dio un giro. Dos de nuestros hijos ya se habían ido a estudiar en la universidad, y solo nos quedaba en casa nuestra hija más pequeña. Mi esposa, quien tenía más tiempo libre, comenzó a plantearse la idea de trabajar. Un día me dijo: «Quiero trabajar, pero sin involucrarme en nada de lo que tú haces. Quiero algo que sea solo mío».

Le dije que la apoyaría en lo que decidiera, así que empezó a buscar oportunidades. Al principio, llenó solicitudes en varias tiendas departamentales, pero no conseguía nada porque no tenía experiencia laboral ni un buen nivel de inglés. Poco a poco, empezó a desanimarse. Incluso dijo: «Quizás no es para mí. Gracias a Dios no tengo necesidad porque tú me das todo».

Un día, recibió una llamada de una tienda de ropa ofreciéndole un puesto. Me dijo: «No sé si aceptar. Entre la niña, la escuela y el trabajo, siento que no voy a poder», y siguió buscando excusas. Pero, en el fondo, lo que realmente sentía era miedo: miedo a la responsabilidad, miedo a salir de su zona de confort.

Finalmente, aceptó el reto y entró a trabajar. La verdad, pensé que no duraría mucho. Su carácter y el hecho de que no tenía una necesidad económica me hacían creer que abandonaría pronto. Sin embargo, me sorprendió. Pasaron uno, dos, seis meses, y seguía ahí. Al llegar al año y medio, decidió renunciar porque el ambiente laboral se había vuelto tenso debido a la salida de algunas compañeras. Le dije: «No pasa nada; al contrario, me ayudas porque lo que ganabas te lo gastabas en la misma tienda y hasta yo tenía que poner» (aunque lo dije en tono de broma, era cierto).

UNA LECCIÓN VALIOSA

Tiempo después, mi esposa me dijo algo que me marcó: «Ahora entiendo lo que me decías. Me di cuenta de que hay muchas cosas que se necesitan para tener y manejar un negocio». Esa frase fue un momento de revelación. Su experiencia laboral, aunque breve, le enseñó lecciones que yo había aprendido en mi propio camino como emprendedor.

Meses después, la misma tienda le ofreció un puesto con más responsabilidades, como líder, y aceptó. Esta vez, lo hizo con más seguridad y confianza en sí misma. Fue entonces cuando confirmé algo que siempre he creído: **todos tenemos sueños, pero no todos estamos dispuestos a dar los pasos necesarios para materializarlos.**

Mi esposa, por ejemplo, me confesó que se siente más cómoda trabajando para alguien más que enfrentando la responsabilidad total de tener un negocio propio. Y eso está bien. No es ni bueno ni malo. Cada uno elige su camino según sus creencias, prioridades y circunstancias.

POR QUÉ ESCRIBÍ ESTE LIBRO

Este libro nació gracias a mi esposa y a su proceso. Su valentía para salir de su zona de confort, su honestidad para reconocer lo que realmente quiere y su disposición para aprender me inspiraron profundamente. Ella me mostró que el emprendimiento no es para todos, y no pasa nada si decides no tomar ese camino. Sin embargo, si estás aquí, leyendo estas páginas, es porque algo dentro de ti anhela emprender.

Si ese es tu caso, mi consejo es este: **no te detengas. Prepárate.** El camino del emprendimiento no es fácil, pero te aseguro que al final vale la pena. La libertad de crear algo propio, de construir un legado, de transformar tus ideas en realidades, es una de las experiencias más gratificantes que puedes vivir.

Espero que este libro sea una guía para ti, que te ayude a superar tus miedos, a fortalecer tus habilidades y a tomar los pasos necesarios para vivir tu sueño.

Gracias a mi esposa por ser la inspiración detrás de estas páginas.

Y gracias a ti, por leerme y permitirme acompañarte en este viaje. **Este libro es para ti.**

*A mi esposa, Marcela, quien con su amor y
su ejemplo
encendió la chispa para este libro.*

*A mis hijos, Alfredo, Montserrat y Ariana,
porque en ellos encuentro mi mejor razón
para seguir creando.*

*A mi madre, por su fortaleza y amor
incondicional.*

*A la memoria de mi padre, cuyo legado vive
en mí cada día.*

*A mi familia, amigos y al Creador,
que han sido un faro en los momentos
difíciles y una fuerza en los grandes desafíos.*

*Gracias a todos por ser parte de esta
historia.*

Alfredo

CAPÍTULO 1
LA ACTITUD LO ES TODO

No puedo cambiar el viento, pero sí puedo ajustar mis velas para llegar a mi destino.

Esta frase define el poder de la actitud. En mi vida, he visto cómo las personas con la actitud correcta alcanzan metas que parecían imposibles, mientras otras, con todo el talento del mundo, se quedan en el camino.

Tenía 23 años cuando terminé mi carrera de ingeniero en Electrónica y Comunicaciones. Como todo recién egresado, tenía muchos sueños y metas, pero también muchos miedos porque ahora empezaba la vida y responsabilidad de un adulto. Aunque tenía un título, que es de mucha ayuda, entonces ya creía que las aptitudes no lo son todo para lograr los sueños o metas.

Por eso quiero hablarte de la importancia, como emprendedor, de tener una buena actitud, pues puede determinar tu altitud en la vida.

Hay expresiones comunes que escucho hoy en día, como:

—Oye, es muy difícil emprender. ¿Sabes que ya intenté esto y ya intenté lo otro?

He escuchado varias veces ese comentario.

Además, al dictar algunos cursos y seminarios, me piden un consejo y la pregunta clásica es:

—¿Cómo doy ese paso hacia el emprendimiento?

Bueno, en mi libro anterior, *Seis modelos fáciles para generar ingresos online,* hablo de seis modelos de negocio con los que yo trabajo. Están expuestos desde mi experiencia; sin embargo, si no resuenas con alguno de ellos o quieres emprender algún negocio tradicional, una empresa o comercio —aun así—, las bases son las mismas para todo emprendedor. Y un elemento clave es la actitud.

Con una buena actitud, tendrás el cimiento para desarrollar cualquier negocio. Yo te puedo dar fe de eso.

Cada vez que escucho comentarios como: «Tú, porque te gustan los negocios», «Tú, porque desde joven tenías esa facilidad» o «Tú, porque tuviste el ejemplo en casa», etc., deduzco, de acuerdo a mi experiencia, que quienes se expresan de esa forma solo intentan justificar su inacción. El miedo los tiene paralizados.

Todos nacemos con cualidades o dones, todos nacemos con potencial, sin embargo, algunos tienen que aplicarse más a desarrollarlos, como es mi propio caso. Mi mentor, John Maxwell, dice que todos tenemos un potencial. Pero, para desarrollarlo, debemos crecer. Y para crecer tenemos que ser intencionales.

La actitud es la que nos va a llevar hacia la altitud. Muchos reconocemos que el sistema educativo es algo vital para las personas y para la sociedad. La clave es comenzar a incorporar, en este sistema, información práctica que transmita que los talentos y las capacidades son expansibles y, por consiguiente, ni la inteligencia, ni la imaginación ni la memoria son facultades estáticas, sino dinámicas.

La disciplina, el esfuerzo y la dedicación tienen un impacto muy grande en nuestras facultades dinámicas. Nos apoyan para no desanimarnos cuando tenemos que atravesar fuertes dificultades, cuando nuestro punto de partida no es el que quisiéramos.

La actitud es, siempre, más importante que la aptitud. Desde el reconocimiento del NO SÉ y con el entusiasmo del QUIERO SABER nos podemos superar y acceder a mundos inesperados para, al final, ver cuánto sentido tienen esas palabras que describen la excelencia. Aquí te comparto un concepto de esto:

> **La excelencia** es el resultado de ocuparse más de lo que otros consideran lógico, de arriesgarse más de lo que otros consideran seguro y de soñar más de lo que otros consideran posible.
>
> Autor desconocido

Hay que estar muy atentos a los mensajes que nos intentan convencer de que no podemos cambiar y de que solo es posible aspirar a la mediocridad y no a la grandeza. Hay que estar muy alerta ante esos mensajes que nos dicen que debemos conformarnos con copiar, porque somos incapaces de crear. Son mensajes que carecen de rigor y, sin embargo, son muy fáciles de absorber porque generan una curiosa sensación de alivio. Así, nuestro cerebro, acostumbrado a ello, prefiere NO salir de la zona de confort.

Nuestras creencias limitantes nos mantienen con la idea de *huir* de una posible decepción generada por iniciar algo diferente a lo acostumbrado. Nos hacen creer que «no nacimos con lo necesario» para emprender. De esa forma, nos excusamos ante los sentimientos de envidia hacia aquellos que han alcanzado a construir negocios prósperos.

Esto también nos funciona de consuelo, para justificar nuestra aparente falta de capacidad para emprender con éxito. Entonces, nos quedamos inactivos, en nuestra zona de confort, conformándonos con la mediocridad.

Lo último me recuerda mucho a esa frase que dice: «No sueñes con cosas grandes, no sea que no consigas hacer realidad tu sueño y te desilusiones».

Imagínense si Cristóbal Colón, Galileo Galilei, Thomas Alva Edison, Albert Einstein y tantas figuras relevantes de la humanidad hubieran tenido esa mentalidad... Todavía estaríamos en tinieblas.

No podemos llegar al final de nuestros días y plantearnos que nuestra forma de vivir ha sido un lamentable error. Es mejor reconocer nuestra falta de coraje, determinación y compromiso que escudarnos en una aparente falta de capacidades y talentos. Es mejor reconocer que nos falta la fuerza de carácter que escudarnos en una supuesta insuficiencia de coeficiente intelectual.

No son las cartas que nos toca barajar en el juego de la vida, sino la manera cómo las jugamos. Tal como expresa el doctor César Lozano: «No es lo que te pasa, sino cómo reaccionas a lo que te pasa».

Por otro lado, hoy, como en la época de Descartes, damos por hecho que lo que de verdad cuenta para alcanzar el éxito es el talento heredado y no el carácter que uno ha desarrollado. Déjame y te cuento una historia personal, para que te quede más claro el tema de la actitud versus la aptitud.

Cuando yo era estudiante universitario, practicaba la disciplina del taekwondo, a la cual le debo mucho de lo que soy ahora. Yo entrenaba en una escuela particular, ajena a la universidad, a pesar de que en el recinto universitario se impartía esa disciplina. Allí solo me gustaba ver los torneos y combates.

En una ocasión, mi *sensei* —como se le dice al entrenador en el arte marcial— salió de vacaciones y le pidió a un amigo que le sustituyera temporalmente en las clases. Ese amigo era el maestro que daba las clases en la universidad donde yo estudiaba.

Allí pude platicar con él y me preguntó por qué yo no tomaba las clases en la universidad, que además eran gratis por ser estudiante de allí. Le dije que tomaba clases particulares por lo cerca que quedaba de mi casa; además, porque sabía que en la universidad la formación se enfocaba más en la participación en competencias y torneos y que yo, en principio, solo quería mantener mi salud, bajar un poco de peso y sentirme bien.

Aun así, el maestro me hizo la invitación a participar en el equipo de competencias de la universidad.

Para ese momento, yo estaba en un grado avanzado. Sabía que para entrar a esos equipos había que ganarse el acceso, pues había tres grupos de entrenamiento y éramos muchos estudiantes —cada grupo tenía más de 60 personas—, pero el profesor me dio la oportunidad de entrar directamente, sin tener que hacer nada.

Acepté la invitación y llegué a mi primer día de entrenamiento con el equipo de competencia.

Cuando el *sensei* me presentó al grupo, percibí que no era muy bien recibido, pues nunca me habían visto entrenar allí, en ninguno de los grupos, y mucho menos combatir para ganarme ese lugar.

Adicionalmente, les cuento que yo era un estudiante foráneo originario de Reynosa, Tamaulipas una ciudad fronteriza con Estados Unidos. Y estudiaba en Monterrey, Nuevo León, a unas tres horas de mi ciudad natal. Gracias a esa cercanía, tenía la facilidad de cruzar la frontera y comprar mercancías cuando iba de visita a casa de mis padres los fines de semana a Reynosa. Al regresar a la universidad, llevaba productos para vender en Monterrey y así generaba un ingreso extra mientras estudiaba.

Llevaba y vendía muchos productos en la universidad. Y entre las cosas que vendía había uniformes de marca para los alumnos que ya eran cinta negra. Normalmente, cuando los estudiantes llegan a cinta negra buscan adquirir uniformes de marca y de mayor calidad.

Cuando ya tienes ese uniforme es porque la disciplina te gusta y llevas tiempo entrenando, eres competidor y tienes experiencia. Yo, sabiendo esto, intencionalmente, el día que me tocó ir a entrenar en el equipo de competencias de la universidad llevé puesto un uniforme de marca, aunque aún no era cinta negra.

Solo me llevé puesto el pantalón del uniforme y arriba usaba una playera. Yo ya conocía quiénes eran los *gallitos* del equipo, es decir, los estudiantes más avanzados que ganaban en las competencias.

Ese día se inició la jornada de combates y, tal como pensé, cuando llegó mi turno, me tocó enfrentarme a uno de los más bravos. Deduje que todos estaban esperando esa pelea con la idea de que me dieran una paliza. Sabía que mi contrincante tenía muchas aptitudes y habilidades en el deporte, e incluso más grado y experiencia que yo.

Aun así, mi actitud era determinada, como la de un campeón. Sabía que era necesario controlar mi miedo y darle pelea. Nos dimos unas buenas patadas, entre combinaciones y técnicas. Al final, cuando terminó la pelea, sin ganador, porque se trataba de un entrenamiento, ya en el vestidor, cuando estábamos cambiándonos, el compañero contrincante se me acercó y me dijo:

—Óyeme, qué bien peleas. Tienes buena técnica. ¿Qué *dan* de cinta negra eres?

Yo le respondí:

—¿Cinta negra? Nooo, nada que ver. Me falta mucho todavía para llegar a cinta negra. —En aquel tiempo, yo era cinta azul.

El chico se sorprendió.

—¿En serio? *Wow*, te confieso algo. Cuando iniciamos la pelea, entré con cierto miedo porque vi tu pantalón de uniforme Adidas y asumí que eras cinta negra.

Yo simplemente sonreí y me dije mentalmente: «*Wow, mi plan de persuasión e intimidación funcionó*».

El resultado de esa competencia fue la aceptación de los demás compañeros. A partir de ese momento, aprendí que tienes que salir a hacer lo que prácticas. Es la única forma de que te des cuenta de lo bien que estás preparado. Toma acción y con una buena actitud ante las situaciones que te toque vivir. Podemos crear nuestro propio futuro y salir fortalecidos de las crisis. Todo es cuestión de actitud.

USA EL PODER DE LA INTENCIÓN A TU FAVOR

Una vez que ya tienes tu «por qué», tu proyecto o meta y tu plan de negocio, considera también tener tu plan de crecimiento personal. Mi mentor, John Maxwell, en el libro *Las 15 leyes indispensables del crecimiento*, señala la intencionalidad en la ley N.°1.

Se refiere a que, para poder desarrollarnos, tenemos que crecer. Y para poder crecer, tenemos que ser intencionales, tal como te lo mencioné hace algunos párrafos.

Cuando éramos niños en edad escolar, nuestro aprendizaje era muy estructurado. En cada grado, estudiábamos un tema preseleccionado y demostrábamos nuestro conocimiento tomando exámenes. Pero los exámenes se acabaron cuando terminamos de estudiar en la escuela. Ya no teníamos que hacer tarea, ni leer capítulos, ni resolver problemas de matemáticas. Nuestro desarrollo personal pasó de ser parte de nuestra rutina a ser nuestra propia responsabilidad.

Luego de esto, el problema que tienen muchas personas es que nunca asumen la responsabilidad que tienen con ellas mismas de desarrollar su máximo potencial. En lugar de tratar de superarse, se rigen por la ley del mínimo esfuerzo.

Si quieres llegar a ser aquello para lo que fuiste creado, debes salir al mundo y aprovechar las oportunidades como si tu futuro dependiera de ello.

Con relación a las creencias, hay una frase que reza: «Las ideas las tenemos, las creencias las vivimos». La diferencia es que las ideas están en el intelecto, en la parte consciente, y las creencias, en cambio, están por debajo de la consciencia, en el subconsciente.

Las creencias parece que no se ven, sin embargo, se expresan en la forma como miras, vives, te mueves, hablas o gesticulas con tu cuerpo.

Fíjate en esas creencias que no sabes que tienes, pero que están actuando en tu día a día, en tu forma de pensar. Frases como «No llego», «No valgo», «No puedo», «No tengo suficientes recursos», «No puedo actuar eficazmente», «Tengo resultados desfavorables» o «No puedo lograr lo que necesito» demuestran cómo percibes el mundo y, por lo tanto, cómo actúas en consecuencia.

Quizás piensas que un nuevo fracaso para ti sería devastador y que jamás podrías recuperarte. Por eso es importante tener las herramientas y comprender que tu actitud vale ante cualquier circunstancia: todo se reduce a la forma en que reaccionas ante ese problema.

Te cuento otra historia:

Durante un seminario de parejas, le preguntaron a una mujer:

—¿Te hace feliz tu marido?, ¿realmente te hace feliz?

En ese momento, se veía al marido estirando el cuello, viéndola con aires de seguridad, pensando, seguramente, que su mujer diría que sí.

Sin embargo, la esposa respondió:

—No, no me hace feliz. —El marido la miró con asombro. Mientras, la mujer siguió su discurso—: No me hace feliz, soy feliz. El que yo sea feliz (o no) no depende de él, sino de mí. Soy la única persona de la que depende mi felicidad. Me doy cuenta de que soy feliz en cada situación y en cada momento de mi vida, ya que si mi felicidad dependiera de alguna persona, cosa o circunstancia en la faz de la Tierra, estaría en serios problemas —argumentó.

Todo lo que existe en esta vida cambia constantemente: el ser humano, las riquezas, el cuerpo, el clima, los placeres, etc. Podría seguir durante horas enumerando una lista infinita.

A través de toda mi vida he aprendido que ser feliz es una decisión. Yo decido ser feliz. Lo demás, lo llamo experiencia.

Me encanta perdonar, ayudar, entender, escuchar, consolar. Hay personas que dicen que no pueden ser felices porque están enfermas, porque no tienen dinero, porque hace mucho calor, porque alguien las insultó, porque las dejaron de amar o no las consideraron. Lo que estas personas no saben es que se puede ser feliz incluso estando enfermo, o estando demasiado sudoroso, o sin dinero, o aunque alguien no te haya apreciado como querías... La vida es como montar en bicicleta: solo te caes si dejas de pedalear.

Comienza el día con una sonrisa y no dejes que nada ni nadie la borre de tu cara. Sé feliz. Ser feliz es una actitud. Pon esa idea potenciadora en tu subconsciente para que se convierta en una creencia. Te dará un empoderamiento para que, lo que te parecía imposible, ahora ya no lo sea.

CÓMO DESARROLLAR UNA ACTITUD DE EMPODERAMIENTO

Yo creo que para cambiar totalmente la forma de pensar y de decir «Lo voy a hacer» tenemos que darnos a la tarea de autoobservarnos para identificar las creencias que nos están limitando.

Todos tenemos determinadas «programaciones mentales» que se transmiten de generación en generación y con las cuales se forman paradigmas. Muchos de estos paradigmas no nos resultan beneficiosos para el desarrollo exitoso de varios aspectos de nuestra vida, como, por ejemplo, la disposición al emprendimiento y a generar ingresos de forma autónoma.

Por lo general, tenemos gran dificultad en no reconocer esas creencias y paradigmas, y es eso justamente lo que nos está limitando nuestro desarrollo exponencial.

Ya dije antes: «Las ideas las tenemos, pero las creencias las vivimos».

Nos comportamos de acuerdo con nuestras creencias y valores. Si quieres iniciar un negocio o cualquier proyecto, pero no está dentro de tu programa mental; o sucede que buscas validar esa idea con los miembros de tu familia y amigos cercanos y resulta que ellos también están dentro de ese círculo de programación limitante hacia los negocios y el emprendimiento, ¿qué crees que te van a decir?

Lo más seguro es que escuches:

—No, no pierdas tu tiempo, mejor dedícate a tu trabajo —de dependencia laboral—, échale ganas.

—Eso no es para ti, eso es muy difícil y solo perderás tu tiempo para luego morirte de hambre. Es mejor un trabajo estable...

Y un sinfín de argumentos que provienen de sus propios prejuicios y experiencias. En conclusión, de sus creencias.

Es así como, sin cuestionar nada al respecto, das por sentado todo eso que te han dicho; abandonas tu idea de emprender y cristalizar tus proyectos por temor al fracaso y a ser criticado por tu círculo familiar. Además, sientes que eso que te han dicho es como algo sagrado, que no tiene discusión alguna. Entonces, te das por vencido y sigues con tu rutina de vida, a la cual te has acostumbrado durante años, y, sobre todo, con la cual te has conformado. Eso no significa que te agrade lo que haces, pero te mantiene en esa zona de confort apegada a las creencias con las cuales te formaste.

Una anécdota personal de cuando yo inicié es que me pregunté si era posible cambiar mi programación mental, si era posible cambiar muchos de mis paradigmas familiares. Y la respuesta fue y sigue siendo: «Sí, sí se puede».

Por eso decidí escribir este libro, para, desde mi experiencia como emprendedor y empresario, compartir contigo algunos tips, conceptos y herramientas que a mí me han funcionado. Obviamente, no se trata de la verdad absoluta, pero estoy seguro de que te serán de utilidad para dar ese cambio de programación mental y comenzar a emprender y a desarrollar con entusiasmo tus negocios o proyectos personales. ¿Y por qué no? A obtener los resultados que has soñado.

Voy a relatarte otra historia que ilustra muy bien la definición de lo que es un paradigma:

En cierta ocasión, una joven le preguntó a su mamá:

—¿Por qué siempre que tienes que cocinar carne al horno, trozas un pedazo y lo pones en medio del sartén?

La madre le respondió:

—Fíjate que es costumbre, hija. Así me enseñó tu abuela. Podemos preguntarle a ella.

Entonces fueron con la abuela. La chica le preguntó:

—Oye, abuela, ¿por qué le enseñaste a cocinar a mi mamá de esta forma, que cada vez que va a cocinar carne, corta un pedazo y lo pone en medio del sartén?

La abuela, muy relajada, le dijo:

—Ah, mijita, lo que pasa es que, en mis tiempos, no había sartenes grandes; entonces, cada vez que íbamos a hacer carne, teníamos que cortarla en trozos para que cupiera en el recipiente donde se cocinaba.

Este tipo de ideas, hechas conductas, se van quedando en la memoria y van formando los paradigmas que se transmiten de generación en generación. Así, los repetimos de manera inconsciente sin cuestionar el porqué de ellos, creyendo que son «correctos».

Cuando detectes ese tipo de paradigmas, piensa que son áreas de oportunidad para poderlos cambiar.

Por ejemplo, he escuchado a muchas personas decir:

—Tú, dedícate a trabajar y a ser un buen empleado.

No se trata aquí de criticar el que seas buen empleado o no, sino de reconocer que no necesitas conformarte con eso.

Tú puedes disponer de tu tiempo con libertad, hacer con tu vida lo que quieras, siendo emprendedor. Algo que te debe quedar muy claro es que jamás vas a gozar de libertad financiera ni a disponer de tu tiempo siendo un empleado.

Así que, si quieres hacer cambios en tu vida, tienes que identificar los paradigmas que te limitan, para poder sustituirlos por otros que te sean de mayor beneficio en tu intención de emprender.

Muchos de nosotros fuimos criados con la idea de que solo podíamos ser empleados; esos paradigmas vienen de generación en generación. A muchos les han dicho:

—Ve a la escuela, ten un título para que obtengas un buen empleo y así vayas escalando de posición, para que tengas una buena vida.

Esto no es bueno ni malo. Simplemente, nos hace reflexionar sobre las creencias y paradigmas que sostenemos en nuestra mente y ver si corresponden con nuestros deseos de emprender o ser profesionales autónomos. Por algo has llegado hasta aquí y estás leyendo este libro.

Estoy seguro de que eres de los que, como yo, busca instruirse para cambiar sus paradigmas, para lanzarse con entusiasmo y éxito al mundo del emprendimiento.

El objetivo como emprendedor es hacer lo que te gusta hacer, generar tus ingresos para comprar, por ejemplo, la casa de tus sueños, hacer un viaje, disfrutar de más tiempo con tu familia o llegar a la libertad financiera sin depender de un jefe ni estar prisionero de un horario.

COMIENZA A CAMBIAR LA PROGRAMACIÓN MENTAL

- El primer paso es Querer cambiar, como cuando te enfermas y aceptas que tienes que sanar e ir al doctor para que te ayude con medicina para superar la enfermedad. Es en ese momento cuando quieres y estás dispuesto a buscar la solución a tu mal.

  Lo mismo ocurre con tu decisión de cambiar paradigmas: los aceptas y te dispones a ello. Entonces comienzas a encontrar las respuestas a través de técnicas, herramientas y oportunidades para iniciar tu emprendimiento.

  Si estás en busca de esto último, pues te felicito, porque estás leyendo el libro correcto.

- Lo segundo es mantener firme esa actitud de cambio una vez que has tomado la decisión. Todos, en algún momento de nuestra vida profesional, hemos sido empleados. Y nos acostumbramos a solo hacer lo que nos piden o dicen. Pero ahora, te recomiendo que hagas más de lo que te piden, así recibirás más de lo que mereces.

  Dar más de lo que nos piden es esencial en nuestra actitud como emprendedores. Muchos no se dan cuenta de que, cuando se da más, al final del día, sin importar si se recibe o no remuneración por eso, siempre se recibe más, porque se está aprendiendo.

Por ejemplo, en el caso de los empleados, cuando dan más de lo que se les pide —aunque no les paguen por eso en el momento—, al final del día aprenden y adquieren más experiencia. Incluso, por ejemplo, si no te conformas con trabajar solo para tu departamento, sino que buscas servir en otras áreas, es posible que te vuelvas indispensable y seas notado por tus jefes. Puede que a la larga ganes un mejor puesto o una retribución mayor; pero aunque eso no ocurra, habrás adquirido una gran experiencia que será valorada en otra empresa o que te servirá para montar tu propio negocio.

Esa actitud de «dar más de lo que nos piden» nos dará mucho más de lo que merecemos. Esto va ligado a nuestra autoestima: una autoestima alta y positiva nos lleva a hacer lo mejor que podemos, sin desmerecernos por eso.

Te comparto algunos tips para alimentar una actitud más dispuesta y proactiva:

- Da siempre más, aunque a veces te resulte difícil.
- Diariamente, practica alguna disciplina deportiva, artística o de manualidades, por muy pequeña que sea. Hazla aunque sea por cinco minutos.
- Celebra las pequeñas victorias y logros alcanzados en tu propósito de cambio.
- Adopta una visión positiva en todo lo que haces.
- Sobre todo, hazte responsable de tu vida y de lo que ocurre en ella.

Todo lo anterior potenciará tu buena actitud y autoestima, pues aquellos que tienen una mala actitud, son indiferentes o se quejan de todo, son quienes tienen muy baja autoestima. Aparentan ser leones, pero en el fondo se sienten unos gatitos incapaces de desarrollar nuevas habilidades, cambiar sus paradigmas y tener una mejor actitud ante la vida que los lleve al éxito como emprendedores.

IDENTIFICA LAS CREENCIAS QUE TE LIMITAN

Olvídate de tus creencias. Si estás aquí es por alguna razón. Nada de lo que has hecho hasta ahora te ha servido del todo para emprender con el éxito que seguramente anhelas. Nadie nace sabiéndolo todo, por muy genio que sea o por la cantidad de dones y talentos que tenga.

En las últimas décadas, las neurociencias nos han demostrado que el cerebro es un órgano que se *reinicia* a diario (cada vez que vamos a dormir por las noches). El tema es que ese reinicio lo hacemos con la misma repetición de ideas, una y otra vez.

Otro de los grandes descubrimientos de la ciencia es la neuroplasticidad; es decir, que nuestras neuronas no se mueren con el avance de la edad cronológica, que siempre pueden expandirse y multiplicarse en la medida en que comenzamos a cambiar de rutinas y viejos patrones y a incorporar aprendizajes; por ejemplo, el estudio de un idioma, la adopción de hábitos, viajar y visitar nuevos espacios o conocer personas y culturas, entre muchas otras actividades. Y no importa si eres una dama de veinte o tienes sesenta años, tus neuronas se fortalecerán.

Tanto el cuerpo como el cerebro se puede moldear y volverse más flexibles a cualquier edad. Es cuestión de actitud, de disponerse a ello. Sin duda, nuestros sistemas educativos y sociedades en general tienen gran incidencia en nuestra formación, en nuestros patrones de creencias y conductas. Sin embargo, nunca es tarde para aprender nuevas cosas y vencer retos.

La pandemia y el aislamiento nos demostraron que nunca nada es como parece, que está en nuestro libre albedrío el cambiar los aspectos de nuestra vida que nos mantienen en la sombra o quedarnos anclados a la queja y la limitación mental. TODO DEPENDE DE TI.

Ahora voy a enseñarte un ejercicio útil para identificar creencias limitantes. Lo aprendí con una buena amiga que es psicoterapeuta:

- Toma lápiz y papel y escribe cómo te gustaría estar o cómo te visualizas en cinco años (es decir, en qué casa te imaginas, qué trabajo estarás desarrollando, cómo será tu vida familiar y profesional).

- Luego cierra los ojos. Imagina que tienes a un buen amigo enfrente y le estás contando cómo te visualizas y cómo te gustaría estar en cinco años.

- Continúa con los ojos cerrados. Ahora, imagina que han pasado cinco años y que te rencuentras con ese amigo, al que no habías visto por mucho tiempo. Entonces, él te pregunta qué pasó, si cumpliste lo que le habías contado que querías vivir. Tú le respondes que no, que no lograste nada o casi nada de lo que habías visualizado.

- Respira profundo y abre los ojos. Anota en el papel las posibles causas o ideas que te vengan a la mente con relación a por qué no lograste alcanzar tus metas en esos cinco años. Te sorprenderán las ideas que llegarán a tu cabeza. Anótalas sin juzgarte.

- Ahora lee lo que anotaste. Esas ideas que identificaste son tus creencias limitantes, las que te han mantenido en la inacción o en tu zona de confort.

- Luego cierra los ojos y respira profundo un par de veces. Imagina que de tu entrecejo sale una luz radiante. Respira profundo y di mentalmente: «GRACIAS, LO PUDE VER. AHORA LO ENTREGO PARA QUE LO DESHAGAS EN LA LUZ, PUES DESEO CAMBIAR PARA UN MAYOR BIEN. GRACIAS, GRACIAS, GRACIAS.

- Quédate en silencio unos minutos con los ojos cerrados, disfrutando de esa luz y de la sensación de gratitud. Luego abre los ojos. Haz este ejercicio las veces que lo creas necesario, hasta que sientas que es suficiente y que has soltado esas creencias que identificaste como limitantes.

Esto es solo un ejercicio, pero estoy seguro de que en YouTube encontrarás otras instrucciones de *coaches* o terapeutas expertos en el tema del cambio de creencias que te podrían resultar de utilidad. Déjate guiar por tu inspiración y darás con el ejercicio que más te funcione una vez que hayas tomado la decisión de darle un nuevo rumbo a tu vida en el mundo del emprendimiento o como profesional autónomo.

Recuerda que también puedes escribirme. Yo estoy aquí para servirte y me encantaría saber de tus logros y avances con la práctica de este tipo de ejercicios.

CAPÍTULO 2
CÓMO LIDIAR CON EL MIEDO Y LA INCERTIDUMBRE

El miedo no es el enemigo. Es el maestro
que te enseña de qué estás hecho.

Cuando queremos emprender, siempre está el miedo a fallar, a lo desconocido, a ser señalado como fracasado, al qué dirán la familia los amigos si las cosas no salen bien, etc. etc.

El gran Miguel Ángel Cornejo decía que, cuando hacemos las cosas bien, les ponemos la etiqueta de éxito, y cuando salen mal, les ponemos la etiqueta de fracaso, pero en ambos casos son resultados de nuestras decisiones.

Hay muchos miedos, y es normal. De hecho, se dice que el ser humano tiene, estadísticamente, dos grandes miedos: el número uno es a la muerte, y el segundo es a hablar en público. Pero todos experimentamos el miedo; el tema es hacer las cosas aun con miedo.

Yo recuerdo, en mis inicios como emprendedor, que también oía esas voces internas de «No puedo» o «Si esto o si lo otro», etc., etc. El miedo estaba allí. En mi caso, yo me dije: «Soy joven, estoy recién egresado de la universidad, así que dije vamos a darle... Total, ¿qué puede pasar?». Y así inicié mi carrera de emprendedor; y, bueno, gracias a Dios, me ha ido bien con altas y bajas.

Inicié en 1997 y a la fecha vivo de mi negocio, que emprendí en su momento. Cabe mencionar que hoy ya estoy más diversificado en los negocios, pero aún conservo el emprendimiento inicial.

Lo que quiero decirte es que no dejes que el miedo te paralice. Toma las riendas de tu futuro. Eso sí, toma las precauciones y maneja las cosas que tú puedas controlar, pero hay otras por las que definitivamente no tiene caso que te mortifiques, porque no dependen de ti; así que usa toda tu energía y enfoque en lo que sí puedes controlar, para que la probabilidad de un resultado favorable sea mayor.

Mi miedo más grande cuando egresé de la universidad y tomé la decisión de emprender era a la vergüenza. Mis padres habían hecho el esfuerzo para darme estudios universitarios y yo estaba decidiendo no ejercer mi carrera.

Tenía las ganas y toda la actitud para que me fuera muy bien. Y gracias a que me atreví, hoy soy lo que soy. Lo que quiero no es presumir, sino que entiendas que el miedo siempre estará allí. Y tampoco esperes a tener el mejor escenario o las mejores condiciones para hacer algo. Empieza con la idea y con lo que tengas para desarrollarla, y poco a poco irás creciendo, teniendo los recursos y adquiriendo herramientas.

Por ejemplo, para mi primer emprendimiento hice una lista de las cosas que ocupaba. Luego me di cuenta de que se salía de mi presupuesto y pensé en esperar a tener más recursos económicos para comprar ciertas cosas, pero me dije que eso tomaría tiempo, así que empecé con lo que había.

La verdad es que mi padre me ayudó. Él ya tenía una oficina con lo básico, y empecé. Después, poco a poco fui comprando cosas que se requerían, como computadora, mobiliario, etc. Cuando pasó el tiempo y ya tenía activos, dije: «¡Woo! ¿En qué momento me hice de todo esto?».

Y así ha sido en todos mis emprendimientos. He comenzado con lo que tenía y poco a poco fui creciendo. Eso sí, tienes que empezar a ver las prioridades y a administrar los ingresos para ir adquiriendo las cosas que requieres.

A continuación, te dejo unas técnicas para superar el miedo.

INTRODUCCIÓN

El miedo es una emoción natural que todos experimentamos, especialmente cuando estamos a punto de hacer algo nuevo o incierto. Sin embargo, para emprender con éxito, es fundamental aprender a manejar y superar los miedos que pueden paralizarnos. Aquí te presento tres técnicas efectivas que te ayudarán a confrontar tus temores y avanzar con más confianza.

1. VISUALIZACIÓN POSITIVA

La visualización positiva es una técnica que consiste en imaginar el resultado deseado en lugar de centrarse en lo que podría salir mal. Esta práctica te permite *ver* el éxito antes de alcanzarlo, lo cual ayuda a reducir el miedo al fracaso.

PASOS PARA PRACTICAR LA VISUALIZACIÓN POSITIVA

a. Encuentra un lugar tranquilo: siéntate en un lugar cómodo y cierra los ojos.

b. Respira profundamente: toma tres respiraciones, inhala profundamente y exhala lentamente. Esto es para relajarte.

c. Imagina tu objetivo: piensa en lo que quieres alcanzar o el paso que te da miedo dar. Visualiza que todo sale bien y cómo te sientes al lograrlo.

d. Detalla la experiencia: en tu mente, crea una escena completa: ¿Dónde estás?, ¿con quién?, ¿qué estás haciendo? Imagina todos los detalles posibles.

e. Enfócate en las emociones positivas: nota cómo te sientes en este escenario de éxito. Tal vez sientas alegría, alivio u orgullo. Permítete disfrutar de esa sensación y deja que inunde tu mente.

f. Repite esta visualización regularmente: practícala todos los días o cuando sientas miedo. Con el tiempo, tu mente empezará a creer que el éxito es posible, lo cual reducirá tus temores.

Claro que no es magia, pero sin duda este ejercicio te ayudará.

BENEFICIOS

La visualización positiva ayuda a *engañar* a tu cerebro, acostumbrándolo a la idea de que el éxito es alcanzable y real. Esto reduce la ansiedad y fortalece tu confianza para dar el siguiente paso. Recuerda que el cerebro no sabe distinguir lo que es verdad de lo que es mentira.

2. ANÁLISIS RACIONAL DEL MIEDO (O ¿QUÉ ES LO PEOR QUE PODRÍA PASAR?)

Una forma de mitigar el miedo es analizarlo racionalmente. Muchas veces, nuestros temores son irracionales o se basan en escenarios catastróficos que tienen pocas probabilidades de ocurrir. Pregúntate qué es lo peor que podría pasar. Esto te ayudará a descomponer el miedo y a darte cuenta de que, aunque ocurriera lo peor, es manejable. Por eso se dice que todo tiene solución, menos la muerte.

PASOS PARA HACER UN ANÁLISIS RACIONAL DEL MIEDO

a. Identifica el miedo específico: escribe claramente lo que te da miedo. Mientras más especifiques, mejor.

b. Pregúntate qué es lo peor que podría pasar: reflexiona sobre el peor resultado posible si das ese paso o tomas esa decisión.

c. Evalúa las probabilidades: realmente, ¿cuán probable es que ocurra ese peor escenario? Muchas veces descubrirás que el miedo es más exagerado de lo que pensabas.

d. Planea soluciones: si ese peor escenario llegara a suceder, ¿qué podrías hacer para solucionarlo? Escribe un plan de acción, aunque sea breve. Esto te dará una sensación de control y te ayudará a sentirte capaz.

e. Reflexiona sobre los beneficios potenciales: también considera qué es lo mejor que podría pasar si superas ese miedo y das el paso. Esto contrarresta el impacto del miedo y te motiva a actuar.

BENEFICIOS

El análisis racional te permite ver que el miedo es manejable. Incluso si el peor escenario ocurre, tener un plan de contingencia disminuye el sentimiento de vulnerabilidad y te da seguridad para actuar.

3. *FACING THE FEAR* O ENFRENTAR EL MIEDO CON PASOS PEQUEÑOS

Esta técnica consiste en dividir el miedo en pasos pequeños y manejables en lugar de enfrentarlo de una vez. Este enfoque gradual hace que el temor se vuelva menos abrumador, ya que te permite acostumbrarte poco a poco a la situación.

PASOS PARA ENFRENTAR EL MIEDO MEDIANTE PASOS PEQUEÑOS

a. Divide la meta final en mini metas: por ejemplo, si el miedo es iniciar un negocio, empieza por dividir este objetivo en partes tales como investigar el mercado, hacer un plan básico, hablar con un mentor, etc.

b. Elige el paso más pequeño: selecciona el primer paso que te genere el menor nivel de ansiedad, y hazlo. Puede ser algo tan sencillo como buscar un artículo en internet o escribir una lista de ideas.

c. Enfrenta un paso a la vez: no pienses en los próximos pasos. Enfócate en cada nivel hasta que te sientas bien para avanzar al siguiente.

d. Repite y aumenta gradualmente: una vez que sientas más confianza, da el siguiente paso. Así, vas entrenando a tu mente para lidiar con la situación sin abrumarte.

e. Celebra cada logro: reconoce cada paso que completes, por pequeño que sea. Esto refuerza tu confianza y reduce el temor ante las siguientes etapas.

BENEFICIOS

Esta técnica te permite progresar a tu propio ritmo. Al dividir el miedo en partes pequeñas y manejables, reduces la sensación de riesgo y aumentas tu confianza para enfrentar desafíos mayores.

CONCLUSIÓN

Estas tres técnicas —visualización positiva, análisis racional y enfrentar el miedo mediante pasos pequeños— son herramientas prácticas que cualquier emprendedor puede aplicar para superar el miedo. La clave es practicarlas con constancia.

Al enfrentar el miedo de manera consciente y con herramientas, te darás cuenta de que eres capaz de hacerte cargo de obstáculos que parecían insuperables.

Aquí tienes un ejercicio práctico de reflexión para ayudar a identificar y planificar cómo enfrentar los miedos gradualmente.

EJERCICIO PRÁCTICO - IDENTIFICACIÓN Y ENFRENTAMIENTO GRADUAL DEL MIEDO

Este ejercicio te ayudará a reconocer tus miedos y a desarrollar un plan para enfrentarlos de manera gradual. En cada paso, tómate tu tiempo para reflexionar y asegúrate de contestarte con honestidad.

PASO 1 - IDENTIFICA TU MIEDO PRINCIPAL

a. Escribe el miedo específico que te está frenando. Trata de detallarlo lo más posible.

>Ejemplo:
>
>Tengo miedo de fracasar si inicio mi propio negocio de ropa porque temo perder mis ahorros y decepcionar a mi familia.

b. Describe por qué tienes este miedo. ¿De dónde crees que viene? ¿Es algo que siempre has sentido o es nuevo?

>Ejemplo:
>
>Viene de ver a otros familiares fracasar en negocios y de las expectativas de éxito que siento de mi familia.

PASO 2 - EVALÚA EL PEOR ESCENARIO POSIBLE

a. Pregúntate qué es lo peor que podría pasar si este miedo se hiciera realidad. Detalla tu respuesta y trata de visualizar ese escenario.

>Ejemplo:
>
>Lo peor que podría pasar es que pierda mis ahorros, cierre el negocio y tenga que volver a trabajar para alguien más.

b. Analiza la probabilidad de que ocurra ese escenario. En una escala del 1 al 10, ¿qué tan probable es que realmente pase?

c. Piensa en una solución. Si ese peor escenario sucediera, ¿qué podrías hacer para enfrentarlo o superarlo?

Ejemplo:

Si perdiera los ahorros, podría buscar un empleo temporal o pedir ayuda para recuperar parte del dinero. También aprendería de los errores para intentarlo de nuevo en el futuro.

PASO 3 - DIVIDE EL MIEDO EN PASOS PEQUEÑOS

a. Escribe una lista de pasos pequeños que podrías dar para enfrentar tu miedo. Estos pasos deben ser manejables y realistas.

Ejemplo:

1) Investigar a fondo el mercado y la competencia. 2) Hablar con alguien que haya emprendido un negocio similar. 3) Crear un plan financiero detallado.

b. Selecciona el paso más fácil o menos intimidante de la lista y comprométete a hacerlo en la próxima semana.

c. Ponte metas progresivas: una vez completes el primer paso, elige el siguiente más fácil. Así, irás avanzando poco a poco y desensibilizándote al miedo.

PASO 4 - REFLEXIONA SOBRE TU PROGRESO

1. Después de completar cada paso, tómate un momento para reflexionar. ¿Cómo te sentiste al dar ese paso? ¿Fue tan difícil como pensabas?

2. Escribe tus logros: Lleva un registro de los pasos completados. Esto te servirá para ver cuánto has avanzado y cómo tu confianza ha crecido.

3. Reevalúa tu miedo: A medida que progreses, pregúntate si tu miedo sigue siendo tan fuerte. Con cada paso, tu percepción del miedo puede cambiar y hacerse menos intimidante.

CONCLUSIÓN

Este ejercicio te ayudará a descomponer tus miedos en partes manejables y a enfrentarlos de manera gradual. Con cada paso que completes, ganarás confianza en ti y descubrirás que muchos de tus temores no son tan insuperables como parecían al principio.

Aquí tienes un ejemplo de cómo podrías estructurar un testimonio breve y algunas preguntas para entrevistar a mujeres exitosas. Este enfoque te permitirá crear historias inspiradoras y captar las experiencias que les ayudaron a superar sus miedos.

EJEMPLO DE TESTIMONIO DE UNA PERSONA EXITOSA

HISTORIA

María tenía un miedo profundo a dejar su empleo estable para emprender. Durante más de diez años trabajó en una empresa donde había logrado estabilidad económica, pero siempre soñó con abrir su propia tienda de productos orgánicos. Sin embargo, el temor de perder su seguridad financiera y decepcionar a su familia la frenaba constantemente.

Un día, María decidió analizar el peor escenario posible. Si el negocio no funcionaba, sabía que siempre podría buscar otro empleo, aunque fuera en un rol diferente. Esto le dio la confianza para dar el primer paso, y comenzó a investigar el mercado mientras seguía en su empleo. Un año después, con una estrategia clara, ahorros y la confianza ganada, se lanzó a abrir su tienda.

Hoy, María tiene una cadena de tres tiendas y ha logrado una independencia que nunca imaginó posible. Su negocio la llena de satisfacción y le permite equilibrar su vida profesional y personal. Ella comenta: «El miedo siempre estará ahí, pero enfrentarlo en pasos pequeños me permitió lograr mucho más de lo que hubiera pensado».

LECCIÓN

María muestra que identificar el peor escenario y dividir los pasos hacia el objetivo puede ayudar a vencer el miedo y a descubrir una vida de éxito y satisfacción.

CAPÍTULO 3
VISIÓN Y ENFOQUE

*Sin una visión clara, cualquier camino
te llevará a ninguna parte.
Y sin enfoque, incluso el mejor camino
puede perderse en el caos.*

Recuerdo que, cuando inicié mi primer negocio, tenía grandes sueños, pero no una visión clara. Pasé meses perdiendo tiempo y energía, hasta que entendí que, sin enfoque, las oportunidades se convierten en distracciones.

El tener claros tus objetivos, metas y soñar en grande ayuda mucho, e incluso, a medida que vas creciendo, también es bueno ir actualizando tus metas y objetivos. A mí me pasó que, cuando empecé a crecer y llegué a una de mis metas más grandes, que era de hacer un negocio en USA, ya no tenía más metas ni objetivos claros. Como este gran sueño lo materialicé en menos tiempo del que yo pensaba, empecé a sentir de nuevo el miedo, como cuando inicié, porque al no tener claridad acerca de qué seguía o qué debía hacer, empecé a sentir que todo lo que había logrado se estaba derrumbando. Lo cuento a detalle en mi libro *El éxito es para todos*.

Después de un curso transformador, salí con nuevos bríos y metas. Fue así que continué mi camino del emprendimiento. Que no te pase lo que a mí. Siempre que logres un hito importante, ponte nuevos y rediseña tu estrategia o lo que tengas que hacer, pero nunca estés sin metas y objetivos claros; son muy importantes.

Hay muchos factores que contribuyen al éxito o al fracaso de un negocio. Tener una visión y un enfoque claro es de los más importantes. Sin estas dos cosas, es muy fácil perder de vista tus objetivos y morir en el intento de emprender. En este capítulo, hablaremos de la importancia de la visión y el enfoque y de cómo puedes mantener ambos para que tu emprendimiento tenga éxito.

La capacidad de concentración es lo que separa a quienes tienen éxito de quienes que no lo tienen. Es muy fácil distraerse con objetos brillantes y perder de vista los objetivos. Por eso es tan importante tener una visión clara y centrarse en lo que se quiere conseguir. Cuando sabes cuál es tu objetivo, es mucho más fácil mantener la concentración y conseguirlo.

¿ESTÁS IDENTIFICADO CON EL LOCUS DE CONTROL INTERNO?

El locus de control es un término utilizado en la psicología. Fue propuesto en los años 60 por el psicólogo estadounidense Julian Rotter en su teoría sobre el aprendizaje social.

Tiene que ver con el punto de vista que aborda el individuo. El locus de control puede ser interno o externo. El primero se refiere a cuando la persona asume el control de lo que le pasa, mientras que el locus externo se refiere a cuando la persona cree que todo lo que ocurre depende de otros y de sus circunstancias.

¿Ya identificaste en cuál te encuentras?

Ahora quiero ser más específico contigo. Quedémonos solo con el significado de «locus»: lugar fijo en el que se localiza o se presenta algo. «Locus» es una palabra de origen latino y bien podemos simplificarla como LOCALIZACIÓN. Sus sinónimos son ubicación, posición, colocación.

Es importante que hagas un diagnóstico del lugar donde te encuentras a nivel perceptivo. Eso te ayudará a tomar mejores acciones, en consecuencia. Recuerda el título con el que comienza este apartado. Recuerda también la definición de «locus de control interno», porque es mediante él que asumes la responsabilidad de tu vida y puedes ocuparte de mejor forma de los cambios que quieres realizar y dónde te tienes que enfocar.

Será muy difícil que tengas éxito como emprendedor o empresario si crees que tu locus de control es externo, es decir, que tu vida depende de lo externo. Puede que comiences a decirme que todo depende de los gobiernos, de la política, de lo que dicta la sociedad, de lo que dice tu marido o tu esposa. Aun así, quiero decirte que sigues siendo TÚ quien decide creer y aceptar todo eso. Ellos solo te proponen y tú eres responsable de aceptar y seguirlos o no. TODO DEPENDE DE TI Y DEL LUGAR DONDE HAS PUESTO TU FOCO DE ATENCIÓN.

USA MEJOR EL SISTEMA DE ACTIVACIÓN RETICULAR

Quizá ya sabes que todos los seres humanos tenemos en el cerebro algo que se conoce como sistema de activación reticular, también conocido como SAR. Su función principal es el mantenimiento del estado de alerta. Además, de acuerdo con la ley del mínimo esfuerzo del cerebro, este sistema hace que nos enfoquemos específicamente y de forma automática en las cosas que son importantes para nosotros.

El SAR nos ayuda a filtrar nuestra atención y concentrarnos en eso que es de nuestro interés en determinado momento. Un ejemplo muy común, para que lo tengas más claro, es cuando decides que quieres comprarte un coche de color amarillo... y comienzas a ver coches amarillos en casi todos los lugares a los que vas; o si eres mujer y quedas embarazada, entonces comienzas a ver a mujeres embarazadas o madres con niños recién nacidos. Antes, no los veías; ahora los ves por todos lados porque esas ideas pasaron a ser parte importante de tu foco de atención, de tu sistema reticular. Los coches amarillos y las mujeres embarazadas siempre estuvieron allí, solo que tú, antes, no les prestabas atención.

Lo mismo ocurre con muchas de nuestras creencias. Esto no tiene que ver con que si es útil o no para nuestro éxito, sino más bien con todo aquello a lo cual le hemos dado un profundo valor en nuestra vida y se ha quedado grabado en nuestro cerebro, especialmente desde la niñez.

Otro ejemplo muy claro es lo que sucede con algún evento colectivo o alguna situación en la que están involucradas varias personas. Supongamos que te vas a una excursión, a la selva. Entonces, tú y tu grupo observan a lo lejos una manada de leones. Seguramente, algunos se quedarán estupefactos de miedo, otros podrían echar a correr en sentido contrario temiendo que los leones los vean y corran hacia ellos, mientras tú y algunos otros sientan un profundo regocijo y admiración por la belleza de los leones que están observando.

Todos están viendo la misma escena, están en el mismo lugar, pero sin embargo su sistema de activación reticular actúa de forma distinta debido a lo que es importante para cada persona según el sistema de valores y creencias anclado en su consciencia.

Sin caer en temas religiosos, viene a mi mente una famosa frase de la Biblia que dice: «Donde esté vuestro tesoro, allí estará también vuestro corazón». A mí me gusta parafrasearla de la siguiente forma, aunque creo que alguien más ya lo ha dicho antes: «Allí dónde enfocas tu atención, está tu tesoro».

Por eso es que muchas veces decimos que queremos cambiar nuestra vida, pero, en el fondo, nuestro foco de atención sigue apegado a las mismas ideas. Tengo una amiga terapeuta que una vez me contó la anécdota de un par de amigas que fueron a quirófano para hacerse una cirugía de liposucción y reducción de medidas.

Ciertamente, tras un tiempo de recuperación, estas dos amigas lucían sus cuerpos sin grasa abdominal y más delgados. Sin embargo, al cabo de unos años habían vuelto a su condición inicial de exceso de peso.

¿Qué creen que ocurrió? Aunque su cuerpo había cambiado de forma gracias a la cirugía (acción externa), su sistema reticular (locus interno) estaba operando sobre la base de lo que ya conocía y, evidentemente, es lo que al final se impuso.

Ahora bien, conozco otros casos de éxito. Tengo unas amigas que se sometieron a ese tipo de cirugía, pero, antes de hacerlo, prepararon muy bien su mente para ello. Es decir, aprovecharon su sistema de activación reticular para fijar su nuevo objetivo de lucir un cuerpo esbelto y más delgado. En consecuencia, luego de la operación adoptaron rutinas de ejercicio y alimentación saludable, entre otras creencias. Esto les ha permitido mantener su apariencia y a su vez a estar más a gusto con ellas mismas.

En otras palabras, se enfocaron en su meta a través de su locus de control interno, sacando mayor provecho a su sistema de activación reticular o filtro reticular. Aunque la función principal de este sistema es inherente al estado de vigilia o de alerta para la supervivencia y protección en situaciones adversas, su poder puede utilizarse para fijar metas y lograrlas.

¿Cuántos de nosotros, cuando niños, teníamos un sueño para cumplir de grandes? Y una vez siendo adultos, ¿lo alcanzamos? Yo, de niño, no tenía sueños claros, pero sí, ya en mi adolescencia, quería ser emprendedor y tener mi propio negocio, gozar de independencia y libertad financiera. Establecí mis objetivos y metas en función de ello. Tuve clara mi visión de lo que quería alcanzar y todos los días de mi vida he mantenido mi foco puesto en ello. Así es como me ha llegado el éxito, porque, pese a los obstáculos, además de situaciones muy difíciles, siempre mantuve la atención en mis metas y trabajé con intensidad por ellas.

Así que todas las personas, los lugares, los recursos y situaciones que se me han presentado han contribuido, en su gran mayoría, al alcance de mis objetivos debido a mi foco de atención, a mis valores y creencias y a todo lo que para mí es importante.

Te pregunto ahora a ti: ¿cuál es tu objetivo?

¿A dónde quieres llegar con este emprendimiento?

Persistencia y determinación, juntas, son muy poderosas. Utiliza el poder de tu mente a tu favor. Hazte responsable de ti y de tu éxito. Nadie va a seguir a una persona que no confía en sí misma. Deja de hablar por hablar o de perder el tiempo haciendo cosas que al final no corresponden con lo que realmente quieres.

Es fundamental que establezcas una coherencia entre lo que piensas, dices y haces. Entre el objetivo fijado y tu foco de atención en las estrategias para ello. Habla y actúa en consecuencia. Si no funciona, revisa y ajusta lo que se requiera y sigue adelante. Recuerda que el fracaso es el camino hacia el éxito.

Nadie nació sabiéndolo todo, por muy genio que pueda ser. Si estás aquí leyendo esto es por algo. El camino del emprendimiento es una senda de ensayo y error en la que probablemente te toca equivocarte muchas veces, tal como nos ha pasado a la mayoría, para luego dar con el «santo grial», cuando el éxito llega con fuerza.

Una vez que el éxito llega, tienes que trabajar también para mantenerlo, para que tu libertad financiera quede instalada como parte de tu vida. Aun así, el aprendizaje nunca termina... por mucha fama, riqueza y éxito que llegues a tener. De allí lo fundamental de tener una visión, un objetivo claro de lo que queremos y un enfoque pleno en lo que estamos haciendo para conseguirlo.

Hay millones de emprendedores en el mundo. Miles de ellos han llegado a la cima del éxito, y miles de ellos pasaron luego a la bancarrota porque se dejaron deslumbrar por el éxito y perdieron el enfoque. Por eso, la visión va más allá de un objetivo: es un estado del ser, un ideal que hemos proyectado alcanzar. Y si lo quieres alcanzar, es de suponer que lo quieres mantener. Si no, no sería una visión.

Es difícil mantenerse bien enfocado haciendo algo que no te gusta. Así que para fijar tu objetivo y enfocar tu emprendimiento o negocio en ello, pregúntate antes:

¿Qué es lo que hago mejor que cualquiera?

¿Cuáles son los talentos que me definen y con los que más me identifico?

De seguro tendrás gran éxito haciendo aquello que te gusta, aquello en lo que simplemente se te va el tiempo cuando lo estás haciendo porque lo disfrutas, aquello que dices que harías, aunque no te pagaran. Porque, con el tiempo, la dedicación y la persistencia, cuando haces lo que te apasiona, rinde sus frutos.

Si, en cambio, dejas de lado tus pasiones y solo te enfocas incansablemente en hacer dinero sin importar si te gusta o no lo que haces, comenzarás a frustrarte cuando las cosas no salgan como esperas. Y aun si salen como esperas, sentirás agobio porque, en el fondo, no es lo que te gusta hacer. Te lo digo porque tengo muchos amigos a quienes les ha ocurrido.

Entonces, tendrás un negocio que no fluye. Puede que hagas dinero y tengas cierto éxito con él, pero de seguro ni el negocio ni tú alcanzarán su máximo potencial de expresión, porque no hay coherencia entre lo que realmente te apasiona y lo que estás haciendo. Por experiencia, te digo que no hace falta ser psicólogo o analista de talento humano para llegar a esa conclusión.

Por eso es que la mayoría de los emprendimientos apenas llegan al primer año de vida. Al principio comienzan con cierto entusiasmo, pero al final sus dueños terminan agotados y frustrados.

Si tu emprendimiento tiene que ver con hacer lo que te gusta y se alinea con tu propósito, de seguro ya no tendrás que trabajar más nunca, porque estás haciendo algo que disfrutas. Los apasionados en acción andan inspirados, contentos y desarrollan sus actividades con determinación, sin importar el tiempo que ocupen en ello.

Espero que lo estés viendo tan claro como yo lo veo. He tenido la fortuna de dedicarme a muchas de mis pasiones en esta vida. Y mi inspiración me ha llevado por nuevos rumbos, como este, en el que me he convertido en autor de libros y conferencista con la fija intención de compartir con otros emprendedores todo lo que a mí me ha funcionado y me ha dado resultados.

Ya te conté que de joven era medio tímido y me temblaban las piernas de solo pensar que tenía que subirme a un escenario. Hace veinte años, jamás hubiera imaginado que me convertiría en conferencista. Pero mi pasión por emprender y generar nuevos negocios sacaron en mí un talento que tenía oculto, el de comunicarme directamente con las personas a través de conferencias, charlas, programas de capacitación y libros orientados a compartir las experiencias con las que he construido mi éxito. No fue fácil al principio, sin embargo, se convirtió en otra pasión para mí. Así que hice y hago todo lo que está a mi alcance para cada día ser el mejor en todas mis actividades y mejorarme a mí mismo.

Tengo muy claros mis objetivos y mi visión. Me mantengo enfocado en ellos. Por ello te insisto tanto en el tema.

Cuando tienes claro todo esto, no te importará ni siquiera la fecha en la que estás, solo la tomarás en cuenta para cumplir con los planes y estrategias fijados para el desarrollo de tu emprendimiento. No importa si es lunes o domingo. Para ti, todos los días serán buenos y una oportunidad de seguir desarrollando tu pasión.

¿A DÓNDE QUIERES LLEGAR?

Tu visión crea tu misión. Imagina una vida ideal para los próximos cinco años. Diseña en tu mente todos los pormenores. Qué aspecto tiene, cómo sería. Imagina un día tal que, cuando llegue, puedas mirar hacia atrás y no reconozcas a la persona que fuiste cinco años antes. Acabas de crear tu visión, y tu misión consistirá en hacerla realidad.

Tu visión es la imagen mental de tu misión; los ojos ven y la mente visualiza. El poder está en la mente, no en los ojos. Así que, aprovecha el poder de la visualización.

En la definición de tu visión, lo primero es reconocer el lugar en el que estás ahora y el ideal al que quieres llegar con tu emprendimiento. Cuáles son los problemas o el problema que resolverás con ello y a que posición llegarás con eso.

Tienes que hacer un diagnóstico de la situación actual, a partir de la cual comenzarás a operar para desarrollar tu talento y brindar soluciones eficaces. Fijas tu visión, luego los objetivos para lograrla.

A partir de allí, tienes que diseñar un plan de acción en función de los objetivos propuestos. Establecer fechas de ejecución de las tareas plasmadas en el plan, para el logro de los objetivos propuestos.

También es importante incluir en ese plan una forma de medición para, luego, evaluar los resultados obtenidos y, de esta manera, hacer los reajustes que sean necesarios e implementar nuevas estrategias o tareas. Un ejemplo de visión con un objetivo claro puede ser:

- Convertirme en un referente en el sector del emprendimiento en la industria del *network marketing* en la comunidad hispana en Texas, destacado por usar estrategias de *marketing* digital y revolucionar la industria.

   ¿Cómo podrías medir este impacto?

   Lo primero es fijar el tiempo para alcanzar esto, que puede ser en uno, dos o tres años. Obviamente, depende del alcance de tus acciones y recursos disponibles para ello. Supongamos que lo fijas a dos años. Tus acciones podrían ser desarrollar charlas, conferencias y talleres con cierta frecuencia.

- Realizar dos o tres programas de capacitación al año. Hacer un plan de difusión a través de medios y redes sociales en los que se incluya, obviamente, la entrega de contenido de valor. El público al que va dirigido tiene que estar bien definido, comenzando porque su ubicación debe ser Texas y tienen que ser de habla hispana.

- Quizá sea conveniente hacer algunos webinarios como parte del lanzamiento de esos productos o servicios. Fijar la mejor hora y la fecha más conveniente para ellos.

- También podrías establecer alianzas con otras organizaciones de emprendedores e instituciones de capacitación de la comunidad hispana para dar charlas y micro talleres.

Como te das cuenta, el plan central de acción tiene, a su vez, otros subplanes con sus respectivos objetivos específicos y tareas claras a desarrollar, con sus tiempos fijados. Tienes que saber los recursos con los que cuentas para establecer y ejecutar ese plan, incluyendo las personas que te apoyarán en ello, los equipos y los medios.

Puede ser una labor que requiera de tu mayor esfuerzo, dedicación y mucha paciencia para superar los obstáculos que de seguro se presentarán en el camino, pero cuando sabes cuál es tu visión, tu ideal a alcanzar, y te enfocas en ella, lo demás se irá dando de forma fluida, sin importar los obstáculos.

Hay varios emprendedores a quienes les gusta aplicar la siguiente terminología al fijar un objetivo para su emprendimiento: la palabra SMART, cuyas siglas derivan en lo siguiente:

S: simple

M: medible

A: alcanzable

R: retador

T: tiempo definido

Me parece que el significado está muy claro.

Tenemos que ser honestos con nosotros mismos al fijar el objetivo y el plan a desarrollar para nuestro emprendimiento. Plasmarlo de forma muy sencilla, que se pueda medir, que sea concreto, que sea desafiante, pero que se pueda alcanzar en cierto tiempo, según lo establecido.

Se supone que nuestra Visión de alguna forma contribuye a hacer de este mundo un mundo mejor, pues estamos poniendo nuestros talentos y pasión, al servicio de brindar soluciones a problemas que tiene la comunidad, a la que va dirigido nuestro emprendimiento.

Cuando señalas que pretendes «convertirte en un referente en el sector del emprendimiento con el *network marketing* para la comunidad hispana en la zona de Texas y sus alrededores», quieres decir, que, gracias a tu ejemplo, estás extendiendo a la comunidad hispana de un lugar específico la idea de que emprender con el *network marketing* es algo posible y real, con lo que se puede tener éxito.

Estás afirmando la creencia de que ellos también lo pueden lograr. Les estás brindando herramientas para que emprendan, generen ingresos y sean exitosos. Todo está implícito en esa visión que se plasma en un objetivo principal y que luego se tiene que desglosar en objetivos específicos, subplanes, estrategias y tareas para su ejecución.

Estás contribuyendo con la sensación de bienestar de un colectivo a través de compartir experiencias e ideas claras para mejorar su calidad de vida, lo cual impactará en la economía y el bienestar social de la comunidad.

Te das cuenta de lo que puedes lograr con tu visión cuando te enfocas vehementemente en ella. Y eso es solo un ejemplo sencillo para que me comprendas mejor. Ahora, imagina que tienes la visión de emprender con la creación de un restaurante vegano o, tal vez, dando clases de trompeta a domicilio. Quizás pretendes montar una academia de baile con música norteña. Todo es posible cuando desarrollas tu pasión al servicio de la comunidad.

FIJA UNA RUTA DE ACCIÓN

Supongamos que, por el momento, no te puedes dedicar de lleno al desarrollo de tu pasión, porque no cuentas con el capital suficiente para mantener tu emprendimiento e inyectarle dinero durante el arranque. Es posible que tengas que seguir trabajando un tiempo más —como empleado o contratado por otros— hasta que tu emprendimiento te dé para pagarte un sueldo.

Pues bien, fija un plan para que en esas horas en las que no estás en tu empleo puedas dedicar determinado tiempo a desarrollar tareas que te permitan trabajar en función de plasmar tu visión. De eso también se trata el enfoque, de no perder de vista la meta, aunque en principio no sepamos muy bien cómo la vamos a lograr. Por eso, en otro capítulo te hablé de la actitud positiva y la instalación de nuevas creencias, porque debes tener una mentalidad fuerte para construir esa visión de lo que deseas emprender.

Aunque tengas un empleo muy demandante y con horarios extensos, tendrás que fijarte al menos media hora al día para cumplir algunas tareas que te permitan avanzar en tu emprendimiento y, más temprano que tarde, independizarte para el desarrollo de tu propio negocio. Si tienes clara tu visión, nada te impedirá que lo logres.

Solo se requiere que te organices más y de mejor manera, así como un esfuerzo extra de tu parte. El establecimiento de objetivos y un plan te llevará a cumplir con todo ello. Si yo pude hacerlo y muchos empresarios exitosos también lo han podido lograr, de seguro que tú también puedes. Recuerda que estoy aquí para apoyarte en ello.

ENFÓCATE EN LOS DETALLES

Una vez que tienes claro tu objetivo en congruencia con lo que te apasiona, es momento de concentrarte en cómo diferenciarte del resto con eso que ofreces. Olvídate de las masas. Ahora todo se trata de atender nichos de mercado con características y exigencias muy puntuales, en los cuales tienes que estar muy bien enfocado.

La especialización es la base fundamental con la que haces que tu negocio o emprendimiento se distinga de otros. Recuerda que en el mercado hay de todo, así que es preferible que te enfoques en los detalles que permitan que destaques entre tus competidores.

¿Sabes cuál es tu nicho específico de mercado? (no es lo mismo que el giro de negocio). Por ejemplo, el giro de negocios puede ser un restaurante, pero el nicho resuelve soluciones en particular y otorga valor. Es decir, es una propuesta de valor única.

Un ejemplo es un restaurante de comida vegana elaborada con productos de huertos orgánicos. Es algo bien específico y poco usual. Puedes incluir allí, en tu oferta, manuales de cómo crear un huerto orgánico o recetas de platos con ingredientes orgánicos. Comparte por las redes sociales de tu negocio tutoriales relacionados.

Los microaprendizajes están a la orden del día. Hay que proporcionar educación a nuestros clientes para que saquen mayor provecho de nuestros servicios. Por ejemplo, puedes enfocarte en la preparación de servicios empaquetados en varios niveles: para el que está empezando, para el intermedio, para el avanzado y para el experto.

Los contenidos para educar a los clientes están en tendencia y llegaron para quedarse. Eso es lo que ha hecho crecer de manera impresionante a muchas empresas reconocidas a nivel mundial.

Tienes que enfocarte en que tus soluciones sean experiencias inolvidables. Si cautivas al cliente, lograrás su lealtad. Podrías hacer que se convierta en un evangelizador de tu marca, sin importar el tamaño del negocio. Es decir, será ese tipo de cliente que hablará bien de tu negocio a cualquier persona, en cualquier lugar donde se encuentre.

Si ya iniciaste un negocio, tienes que evaluar la visión y los objetivos del mismo, así como la forma en la que ahora brindarás experiencias inolvidables a tu público objetivo, pues de seguro tendrás que hacer un rediseño de tu imagen, especialmente enfocada en la proyección en el mundo digital.

SIGUE EL EJEMPLO DE LOS EXITOSOS

Esto es algo que yo practiqué, y aún sigo tomando algunas acciones de los referentes que admiro. Sigo el desempeño de personas exitosas a nivel mundial como John Maxwell y Tony Robbins, así como de algunos personajes más cercanos, como líderes de empresas y compañías exitosas en el área del Network Marketing, por citar algunos ejemplos.

Seguro que tú admiras a muchos emprendedores, profesionales y empresarios de éxito. Fíjate en algunos de ellos, investiga sobre los hábitos y acciones que desarrollan para mantenerse enfocados en sus objetivos y checa cuáles son esos patrones de conducta que les han permitido alcanzar el éxito y mantenerlo.

Hay hábitos coincidentes, en la mayoría de las personas de éxito, para mantenerse enfocadas en sus metas. Algunos son la lectura de temas inherentes a cómo desarrollar más y mejor sus negocios, hacen ejercicio o practican un deporte o actividad que los relaje en sus momentos de ocio, escriben las ideas que les llegan por inspiración. Hay quienes practican yoga, meditación o *mindfulness*.

Yo, en lo personal, tengo el hábito de hacer una lista mental de agradecimientos al levantarme en las mañanas y cuando voy a dormir por las noches. También mantengo al día mi pizarra de visión con todos los objetivos que quiero lograr y hago mapas mentales, los cuales me resultan muy útiles para mantenerme enfocado —los hago en mi IPad o en mis cuadernos de notas: voy plasmando mis ideas y estructurando una hoja de ruta para, poco a poco, llevarlas a cabo—.

Me gustan mucho los mapas mentales porque voy plasmando mis inventos dejándome llevar por la creatividad, para luego convertirlos en realidad.

Tengo una costumbre. Si durante el día se me ocurre una idea genial y estoy ocupado en algo, en ese momento la anoto en mi IPad y luego, por la noche, cuando ya estoy más relajado, me pongo a jugar con esta idea y a desarrollarla en mapas mentales, explorando diversas posibilidades.

Otra actividad que me ayuda a mantenerme enfocado en un momento determinado, en especial cuando tengo que sacar un proyecto que requiere de toda mi atención, es que me distraigo unos minutos antes tocando un poco la guitarra y cantando temas que son de mi agrado. O me relajo haciendo un rato de natación o algo de ejercicio.

Al despertar, luego de los agradecimientos, cuando estoy frente al espejo, digo varios mantras que me empoderan y repito afirmaciones positivas acerca de mí y de lo bien que lo voy a pasar ese día. Practico lo que se conoce como la técnica del espejo. Consiste en mirarte con amor, como la persona que eres o deseas ser.

Tú también puedes aplicar esta técnica de la siguiente manera: párate frente a un espejo y mira tu imagen, sin juzgar.

Sonríe mientras en tu imaginación ves a tu yo deseado. Sonríe mientras te observas. Al finalizar, da las gracias.

Puedes hacerlo en las mañanas al despertar o, si prefieres, por las noches antes de irte a dormir.

HAZ QUE LAS COSAS SUCEDAN, CON LA MIRA PUESTA EN TU OBJETIVO

Tú puedes llegar a ser el emprendedor que quieres ser. Refleja tus más altos valores. Poner tu visión y objetivos por escrito te ayudará a sostener siempre la visión de tu misión, te inspirará ante las dificultades. Vive, piensa y actúa como la persona que ya ha logrado su sueño.

Muchas personas olvidan fácilmente su sueño y pierden de vista su misión cuando parten del punto A hacia al punto B. Cuando se ven abrumados por las dificultades, ven como algo imposible llegar a su meta. Entonces pasan a ser parte de las estadísticas de los conformes que abandonan sus sueños ante las adversidades. Esto es algo muy común en la historia del emprendimiento.

*

Hoy estoy construyendo mi futuro sobre la base de mi visión y propósito de vida. Hago que las cosas sucedan para que mis sueños se hagan realidad.

Obviamente, ya he alcanzado muchos de ellos. Pero ocurre que, una vez que alcanzas tus primeras metas, vas en busca de otras. Vas superándote a ti mismo. Mantienes viva tu llama de la pasión por el logro de objetivos, haciendo solo lo que te gusta y aportando valor a tu comunidad con todo lo que haces.

No importa cuál sea tu situación en este instante. No dejes que tus ganas de emprender se queden solo en un sueño. Ve por él y haz lo que tengas que hacer para lograrlo. Toma cursos, diplomados, entrenamientos, lee libros, ve a convenciones, rodéate de personas positivas, etc. Y, obvio, con esto vas a tener las herramientas necesarias que te llevarán al éxito. Ponte en marcha y aplícalas.

El **éxito** no es una casualidad, como bien lo sabes. Cuando se mezclan el conocimiento, la perseverancia y la pasión, **el éxito se hace presente.**

CUMPLE CON LOS SUEÑOS QUE NUTREN TU VISIÓN O IDEAL

Aquí quiero hablarte de mi historia personal y de los sueños que me impulsaron a mantener fija mi visión y los objetivos de éxito que me he trazado y he cumplido con el paso de los años.

En 1997 comencé a soñar con emprender. Soñé con crear una empresa, convertirme en empresario y así ayudar a mis padres. Con esa visión en mente, un año después, en 1998, lo logré. Pero no fue hasta el 2001, con mi segunda empresa, que tuve resultados favorables. Entonces me pregunté: «¿Será que estoy teniendo éxito?».

Para mi sorpresa, lo primero que descubrí fue que mi sueño de ayudar a mis padres me había ayudado a mí.

Si vuelvo la vista atrás, veo que eso siempre me ha sucedido. Mi sueño me ayudó a concentrarme cada vez que me sentí tentado a alejarme de mi propósito. Mi sueño me mantuvo en la dirección correcta. Mi sueño me ayudó a extenderme. A menudo quería quedarme en mi zona de confort, pero mi sueño siempre me impulsó a salir de ella y me desafió a continuar. Mi sueño me empujó a hacer sacrificios. Cuando el precio por el éxito fue demasiado alto, mi sueño me alentó a pagarlo y me recordó que no hay atajos para el éxito.

Mi sueño me ayudó a perseverar. Cuando pensaba en mi sueño, rendirme no era una opción. Nunca nadie llegó a su destino deteniéndose, a menos que eso solo le sirviera de impulso para arrancar nuevamente con mayor fuerza.

Te invito a que hagas lo mismo. Escribe tus sueños, haz una lista de lo que quieres lograr y comienza a tomar acción hoy mismo elaborando un plan encabezado por tu visión y sus objetivos. Recuerda que el éxito no es una cuestión de azar, sino que es el resultado de muchas acciones concretas.

Las personas exitosas no son diferentes a ti, lo único que las diferencia es que han tomado acción y han hecho sus sueños realidad. No dejes que tus sueños se queden en tu cabeza, ¡hazlos realidad! ¡Enfócate y alimenta la visión de tu vida!

Y si necesitas ayuda para lograr tus objetivos, estoy aquí para apoyarte.

¡Espero conocer pronto tu historia de éxito!

CAPÍTULO 4
AUTOLIDERAZGO PARA LIDERAR CON ÉXITO

El líder más importante al que debes convencer eres tú mismo. Si no puedes liderarte, ¿cómo esperas inspirar a otros?

Recuerdo un momento clave en mi vida profesional. Me encontraba enfrentando un desafío importante con mi equipo y me di cuenta de que no podía pedirles que fueran disciplinados o resilientes si yo mismo no estaba practicando esas cualidades. Ese día entendí que el liderazgo comienza desde dentro.

Cuando inicié mi carrera como emprendedor, algo que desconocía era el impacto que tiene el valor del liderazgo. Es decir, solía escuchar la palabra y hasta me parecía una palabra elegante. Pero cuando comencé a desarrollarme como emprendedor, me di cuenta de que hasta ese momento no había tenido idea de lo que representaba ejercer liderazgo.

He aprendido que se es líder no solo en los negocios, sino en la propia vida. Creo que, parafraseando a John Maxwell, «todo lo que sube o cae es por tu liderazgo». Todo lo que hacemos, depende del tipo de liderazgo que hemos ejercido. Muchos conocemos que Maxwell es considerado el gurú del liderazgo.

El liderazgo se relaciona sobremanera con los tipos de relaciones que construimos, pues según sea nuestra conducta, construimos o derribamos puentes en las relaciones. Todo el que confía en ti estará dispuesto a seguirte y a apoyarte.

«Las relaciones mejoran cuando derribamos muros que nos dividen y construimos puentes que nos unen». Esto también lo señala John Maxwell. En mi primer libro, *El éxito es para todos*, menciono como parte vital de mi desarrollo como emprendedor y empresario la construcción de estos puentes, estableciendo así relaciones y alianzas tan importantes y duraderas que muchas de ellas me han ayudado a alcanzar el éxito que tengo hoy.

Si tuviéramos que resumirlo en una sola palabra, el liderazgo se define como INFLUENCIA. Por eso, este capítulo lo dedico al tema del liderazgo y la importancia de este a la hora de desarrollar cualquier tipo de negocio o emprendimiento. Estoy seguro de que también te servirá para tu vida personal.

Por otro lado, conviene aclarar que el hecho de ser dueño de un comercio o negocio, o tal vez tener un cargo gerencial en una empresa, no te define como líder. Esos son liderazgos asignados. Son jefaturas, posiciones que permiten dar órdenes y tener personas a cargo. En cambio, el liderazgo real se da cuando las personas te siguen no por tu cargo o posición económica, sino por lo que representas; es decir, por la confianza, la fuerza, la valentía, la calidez humana, la empatía y la congruencia que muestras en lo que dices, piensas y haces, entre muchos otros valores.

Entonces, conviene destacar que hay una gran diferencia entre el liderazgo asumido —que obtienes con un puesto, un cargo gerencial o por la compra de una empresa— y el liderazgo que vas desarrollando junto con tu emprendimiento.

Insisto en que, si quieres emprender y tener éxito en ello, una de las habilidades que tienes que desarrollar es, sin duda, tu capacidad de liderar y hacer que tus colaboradores sean capaces de dar la «milla extra», además de captar la atención y el apoyo de otros profesionales y empresarios para construir alianzas que aporten tu éxito y al de tu equipo. Ya no se trata solo de pensar en ti, en tus ingresos y triunfos profesionales, sino en el logro de metas globales que aseguren tu bienestar y el de los que te acompañan.

APRENDE A VENDERTE...

En el desarrollo del liderazgo, lo primero es el autoliderazgo, es decir, asumir con determinación que tendrás que aprender y atreverte a relacionarte con potenciales clientes, aprender a dar la cara, así como a ser la imagen de tu negocio en todas las áreas que se requiera.

Tienes que aprender, básicamente, a venderte. Un buen líder tiene que, sí o sí, aprender a potenciar su habilidad en las ventas. Definitivamente, hay que perder el miedo de hablar en público para poder sacar adelante cualquier proyecto.

Al principio, cuando inicias un emprendimiento, te corresponde asumir todos los roles que sean posibles, especialmente si no tienes suficiente capital para contratar a alguien más. Te toca hacer de vendedor, administrador, encargado de compras, encargado del marketing, etc.

Entonces, hay que soltar cualquier atisbo de vergüenza o miedo. Y aunque no es una condicionante del éxito de tu emprendimiento, aprender la habilidad de hablar en público te abrirá muchas puertas y será de gran ayuda. Además, debes asumir con valentía que tendrás que desarrollar diferentes tareas para sacar adelante tu negocio.

Acepta que es el momento oportuno para aprender o potenciar habilidades de las que antes, quizá, te creías incapaz. Es la oportunidad de oro para romper cualquier mito o creencia de que no eres capaz de llevar las riendas de un negocio.

Como anécdota, te comparto que, cuando yo inicié mi primer negocio, jamás me había pasado por la mente el asunto del liderazgo... hasta que me correspondió aprenderlo tras varios traspiés y obstáculos, en especial mentales, pues en aquel tiempo jamás me había imaginado que podía llegar a convertirme en el conferencista que soy hoy en día.

Después de más de veinte años de experiencia en el ramo empresarial, me doy cuenta de lo vital que es el desarrollo del liderazgo para llevar adelante cualquier emprendimiento. Además, llevo quince años metido en la industria del crecimiento personal, así que puedo afirmar lo fundamental que es, para todo, el cultivo del liderazgo.

Mi aprendizaje en un principio fue empírico, pero con el tiempo me fui capacitando mejor, con expertos en la materia, para poder sacar el máximo provecho a mis emprendimientos. Hay muchos cursos, talleres y formaciones de liderazgo que te pueden ayudar. Lo interesante de esto es que, con cada formación, vas haciendo una especie de cóctel con las herramientas para aplicarlas a tu situación e ir generando mejores resultados.

Yo, al principio, no tenía ni idea. Pero aprendí que un líder, cuando empieza a formarse, puede notar que su éxito depende de su crecimiento personal. Y cuando llegas a formar un equipo, tu éxito también depende del desarrollo y el éxito de la gente que te acompaña en tu organización. Obviamente, esto es un proceso que progresa a medida que vas avanzando en el liderazgo de tu negocio.

DEDÍCATE A CONSTRUIR PUENTES

Las relaciones son básicas en todo negocio. Cada relación es como un puente y todas tienen algo en común: te llevan desde donde estás hasta donde quieres ir. Cada relación que tienes es una oportunidad de mejorar tu propia vida. Cada relación, en el ámbito de tu negocio, te puede impulsar a aumentar tu éxito y tu posicionamiento en el mercado en el cual buscas desarrollarte.

La pregunta que conviene que te hagas es: ¿Estoy construyendo puentes o estoy construyendo muros?

Reflexiona acerca de cómo es tu desempeño en el establecimiento de relaciones duraderas y en la generación de nuevas y enriquecedoras relaciones. Si eres de los que no les gusta relacionarse o le tienen miedo a la idea de vender o hablar en público —y, además, se niegan a cambiar eso—, entonces estás construyendo muros en lugar de puentes.

Si aún no has comenzado a desarrollar tu emprendimiento, o si aún no tienes personal a tu cargo o colaboradores que te acompañen, si aprendes a construir puentes sólidos, de seguro que los tendrás, y te sorprenderás de la importancia que estos irán adquiriendo a medida que vas creciendo con tu negocio.

Te puedo asegurar que tu éxito depende básicamente de la construcción de esos puentes. Y si ahora estás leyendo estás páginas, eso significa que estás en el camino correcto. Como líder, tienes que acostumbrarte a interactuar con las personas de forma cordial y empática, y gestionar el área de atención al cliente sin importar si tienes personal o no que se encargue directamente de ello.

Ahora bien, la construcción de relaciones sólidas puede representar esfuerzo y dedicación de tu parte, pero toma en cuenta que de ello depende, básicamente, tu éxito como emprendedor. Es imposible que un cliente se acerque a tu negocio y se haga fiel al mismo si no sabes cómo relacionarte de la mejor manera y ganarte su confianza.

Luego de construir puentes, recuerda también que debes mantenerlos. De allí la importancia de construir relaciones sólidas. En el sector comercial, no se trata solo de iniciar una relación, sino también de alimentarla y sostenerla. Cada relación comercial con un cliente satisfecho genera la posibilidad de que se inicien nuevas relaciones con el círculo que lo rodea. Es decir, un cliente satisfecho de seguro está dispuesto a recomendarte.

Eso solo por mencionar el tema de los clientes, pero existe un sinfín de relaciones que te pueden ayudar a impulsar tu negocio o, por el contrario, te pueden hundir incluso antes de iniciar tu emprendimiento. Tu criterio como líder puede ayudarte en la detección de esas situaciones.

JUNTOS PODEMOS LLEGAR MÁS LEJOS

El título es un cliché, pero es más que cierto. De acuerdo con mi experiencia profesional y personal, puedo dar fe de que la mayoría de las alianzas que he desarrollado con otros emprendedores no solo han contribuido a generar mayores ingresos a mis cuentas bancarias, sino que me han reportado grandes satisfacciones en diferentes escenarios de mi vida.

Mi dedicación a la construcción de relaciones sólidas me ha permitido conseguir financiamiento para muchos de mis proyectos, viajar a lugares inimaginados, presentarme en famosos auditorios, tener gran receptividad en la venta de mis libros y al mismo tiempo ser un referente en el medio profesional en el cual me muevo, por solo nombrar algunos escenarios.

El grado de confianza en muchas de estas relaciones es tal que ni siquiera fue necesaria la firma de contratos ni acuerdos, solo la palabra fue suficiente para desarrollar con éxito alianzas que aún perduran. Obviamente, lo ideal o recomendable es que, al hacer una alianza comercial, procures la firma de un acuerdo entre las partes. En todo caso, te estoy mencionando mi experiencia en el tema de generar relaciones confiables y duraderas.

Hay aliados que te ofrecen su ayuda. Otros, en cambio, buscan tu apoyo. Siempre se establece una relación ganar-ganar. Al final, hemos obtenido los mejores resultados de acuerdo con el objetivo fijado.

¿ERES EL LÍDER QUE TODOS QUIEREN TENER?

Ya sea que te lo hayas planteado antes o ahora que lees estás líneas y te das cuenta de la importancia del desarrollo de tu liderazgo para llevar con éxito tu emprendimiento, quiero apoyarte con el siguiente ejercicio. De seguro te ayudará.

La idea es que respondas, con profunda honestidad, las siguientes interrogantes. Recuerda que somos el producto de las cinco personas con las que más convivimos.

Toma tu tiempo para escribir las respuestas:

- ¿Qué tiene de especial mi historia?
- ¿Qué relaciones necesito construir para avanzar?
- ¿A quiénes requiero cerca de mi entorno?
- ¿Quién puede ser mi *coach* para pasar al siguiente nivel?
- ¿De qué relaciones negativas tengo que alejarme?

- ¿Cuál considero el valor más importante que he desarrollado con las relaciones que he construido?
- ¿Qué haré hoy que podría afectar positivamente a los demás?

REFLEXIONA

Hoy, tú puedes ser esa persona a quien te gustaría tener como amiga(o). Siempre tienes el poder de elegir qué impacto quieres dejar en la vida de quienes te rodean, en tu comunidad y en el mundo.

SOLO PUEDES INFLUENCIAR A OTROS CON TU PROPIO EJEMPLO DE VIDA

Puede que al iniciar tu emprendimiento seas solo tú para todo. Es aquí cuando debes empoderarte como líder de tu propia vida, hacer las cosas que haya que hacer para salir adelante, con disciplina, esfuerzo y dedicación. En principio, no necesitas demostrar nada a nadie más que a ti, pero, con el tiempo, a medida que tu negocio vaya creciendo, lo que hagas como líder hará la diferencia en la percepción y avance de tu equipo.

Se puede ser un líder muy persuasivo a nivel de palabras, pero estas te servirán de poco si predicas una cosa y luego haces todo lo contrario. Tu falta de coherencia, con el tiempo, quedará demostrada y eso dejará de inspirar a tus colaboradores.

Reflexiona sobre lo siguiente: si como propietario de una empresa no das el todo por el todo en el desarrollo y éxito de la misma, ¿qué harán los colaboradores, que no son dueños de la empresa?

En principio, cuando estamos iniciando un negocio, puede que muy pocos se percaten de nosotros, de nuestro esfuerzo y disciplina, pero te aseguro que, con el tiempo, esa dedicación comenzará a ser notada y redundará en tu propio beneficio.

Desde joven, me dediqué a vender todo tipo de productos en la secundaria, prepa y universidad. Además, durante mis vacaciones, apoyaba como un trabajador más en los negocios de mis padres. Siempre estuve enfocado en construir mi propia empresa para no vivir en dependencia laboral. Tuve que escoger, en varias ocasiones, entre disfrutar un fin de semana de fiesta con mis amigos o servir en el restaurante de mis padres. A veces era un trabajo pesado y largo, pero me ayudó a formarme y a aprender habilidades que me ayudarían más adelante en mi vida.

Durante muchos años, tuve que trabajar de lunes a lunes en el desarrollo de mis emprendimientos, ganándome en ocasiones el disgusto de mi esposa y mis hijos por no pasar el cien por ciento del tiempo con ellos esos días que la mayoría pasaba en familia. Con esto no te quiero sugerir que sacrifiques el tiempo de compartir con tu familia (yo ya aprendí a equilibrar eso).

Sin embargo, tengo que confesarte que, en principio, el autoliderazgo te ayudará a tomar las mejores elecciones en función de mantener claro tu objetivo de sacar adelante tu emprendimiento. Esa pasión, dedicación y disciplina hará que no te importe si es domingo o lunes, sino mantener claros los objetivos que deseas lograr. Con el tiempo, eso se notará y los colaboradores que se vayan sumando en el camino darán fe de ello.

Así que no te engañes creyendo que, porque nadie te observa en un momento dado, puedes dejar de lado tus tareas y responsabilidades para sacar adelante tu emprendimiento. Cuando sabes cómo autoliderarte, liderar a otros es una consecuencia. Tus colaboradores seguirán con entusiasmo tu visión como líder, pues tienes claro a dónde quieres llegar y todas tus acciones van en función de ello.

DA SIEMPRE LO MEJOR DE TI

La integridad es el norte de un líder de excelencia. Has de tener claras tus fortalezas y debilidades para hacer las mejoras que se requieran. Te mueven los valores y sabes claramente el propósito que te impulsan como persona. Tienes que aprender también a analizar el mercado en el cual está tu negocio, aprender a desarrollar una visión estratégica e identificar oportunidades de mercado, incluso más allá de lo que el resto ve en apariencia.

Como anécdota, quiero contarte que a principios de 2020, yo ya estaba viendo los comportamientos de ciertos mercados a nivel internacional. Veía las noticias acerca de cómo la enfermedad del COVID19, estaba avanzando por un lado. Por el otro lado, seguía cómo los avances de la tecnología de la comunicación y la información estaban ganando cada vez más terreno en el impulso de las industrias.

Siempre he sido un fan consumado de la tecnología, así que me gusta adquirir y hacer uso de equipos y *software* que faciliten mis procesos operativos y de producción en los proyectos en los cuales trabajo. Asimismo, desde hace varios años me he capacitado en áreas de desarrollo del comercio electrónico, venta de infoproductos, identificación de nichos de mercado y la conversión de audiencias digitales. Mientras, muchos de mis compañeros y aliados de mi sector empresarial lo veían innecesario y hasta una pérdida de tiempo, en varios casos.

Entonces, estalló la pandemia y las declaratorias de aislamiento. Para el momento en que sucedió, en Texas y los Estados Unidos, lugar de mi residencia, yo ya tenía preparado un plan de acción con la aplicación de un *software* para hacer el trabajo en remoto con los colaboradores de mi empresa. No diré que fue un proceso fácil, especialmente para aquellos compañeros del equipo que se resistían al uso de la tecnología y la automatización de procesos, pero al final se dieron cuenta de lo positivo que esto podría llegar a ser. Así que, como líder de mi empresa, no tuve mayores dificultades para migrar a operar *online* durante la crisis global causada por la pandemia.

UTILIZA LAS REDES SOCIALES PARA GENERAR NUEVOS VÍNCULOS

Para nadie es un secreto el éxito que ha significado, para la mayoría de los negocios y emprendimientos, el uso de las redes sociales como una forma de apalancarse, darse a conocer, fomentar alianzas estratégicas con otros comercios, captar clientes y establecer relaciones de fidelidad con los consumidores.

Si aún tu círculo social profesional y comercial es muy reducido, las redes sociales pueden ser la mejor herramienta para cambiar esto y ampliar tu influencia. Sin embargo, toma en cuenta que las redes son una herramienta más. No te puedes encasillar solo en ellas.

Tienes que desarrollar actividades que te permitan captar la afluencia y vinculación con tu negocio. Asimismo, considera que, para establecer alianzas, siempre es útil el acercamiento e interacción física y empática para estrechar lazos de mayor confianza entre las partes.

Por otro lado, es mi criterio que las redes sociales pueden ayudarte a generar relaciones de confianza con tus clientes y colaboradores, creando una comunidad digital, siempre y cuando compartas en ellas contenido de valor que realmente sea un aporte significativo. Haz esto de forma planificada, siguiendo una estrategia para crear audiencia (es decir, gente que te siga y esté al pendiente de lo que compartes).

En mi libro anterior, *6 modelos fáciles para generar ingresos online*, hablo un poco más al respecto y señalo la importancia de las 3 C para sacar mayor provecho de tus redes sociales:

1. Crear una comunidad
2. Crear contenido de valor
3. Crear conversión

Otra de las fortalezas en la construcción de relaciones sólidas es que esos puentes te permiten explorar nuevos espacios en los que se mueven tus aliados o tus relacionados. Las redes sociales de tu negocio pueden ser utilizadas como una plataforma para compartir esas historias y de esta forma conectar, con mayor visión de amplitud, con la audiencia. Las historias, siempre son una oportunidad de conexión con las personas, que en muchos casos se ven reflejadas en ellas.

Yo, por ejemplo, utilizo muchas de mis experiencias e historias personales para conectar con la audiencia que asiste a mis conferencias. Las historias son las que conectan con la gente y son las que mayormente suelen recordar.

EVALÚA TU DESEMPEÑO COMO LÍDER

A continuación, quiero regalarte un test que te será de mucha utilidad para evaluar tu nivel de influencia y tomar los correctivos que sean necesarios. Recuerda, jamás sabrás a dónde quieres llegar si no conoces el lugar en donde te encuentras ahora. Esto es solo un test básico. Si quieres profundizar en ello, al final de libro te dejo mis datos contáctame y te ayudo.

EVALUACIÓN DE TU LIDERAZGO Y LEY DEL TOPE

A. Calcula el número tope de tu liderazgo. ¿Cómo puedes encontrar ese número?

1.- Lee a continuación las 21 cualidades indispensables de un líder.

2.- Califícate en cada una de ellas con una escala de 1 a 10 (calcula el promedio).

Este es tu número

	CARÁCTER
	CARISMA
	COMPROMISO
	COMUNICACIÓN
	COMPETENCIA
	CORAJE
	DISCERNIMIENTO
	ENFOQUE
	GENEROSIDAD
	INICIATIVA
	ESCUCHAR
	PASIÓN
	ACTITUD POSITIVA
	RESOLUCIÓN DE PROBLEMAS
	RELACIONES
	RESPONSABILIDAD
	SEGURIDAD
	AUTODISCIPLINA
	SERVICIALIDAD
	DISPOSICIÓN PARA APRENDER
	VISIÓN

TOTAL______________ / 21 = ____________________

B.- Pídele a personas cercanas a ti a que califiquen tu tope. Evalúa y considera las similitudes y las diferencias entre tu evaluación y la de otros.

C. Vuelve a las 21 cualidades y determina con cuáles puedes tener el mayor impacto al crecer. **Recuerda trabajar en tus fortalezas.**

D.- Revisa y reflexiona sobre las cosas que puedes hacer para elevar tu tope:

    1.- Valorar la experiencia con reflexión.

    2..- Invierte en entrenamiento, mentoría o *coaching*.

    3.- Participa en grupos de mentes maestras/enfoque.

    4.- Haz algo para beneficiar a otras personas.

    5.- Reflexiona sobre quién ha sido tu elevador de tope toda tu vida. ¿Qué características te hacen considerar a esa persona elevadora de topes?

    6.- Haz una lista de cosas por dejar de hacer.

CAPÍTULO 5
DISPOSICIÓN A DAR EL PRIMER PASO – TODO ERROR NOS ACERCA AL ÉXITO

El viaje hacia el éxito comienza con un paso.
Dar este paso no te lleva a tu destino,
pero sí te saca de donde estás.
Y para darlo, necesitas más valentía que certezas.

Recuerdo varios de mis emprendimientos. Me paralizaba la idea de fallar. ¿Y si invertía tiempo y dinero y no funcionaba? Y a medida que iba arriesgándome o atreviéndome a experimentar e intentar, me daba cuenta de que siempre estaba esa emoción allí, pero un día entendí que eso era parte del proceso y que no me detendría. Desde entonces, cambié radicalmente mi forma de pensar y eso transformó para siempre mi incursión en el emprendimiento.

Por ejemplo, cuando decidí hacer mi primer libro, en mi familia y círculo cercano estaban los que me alentaban: «¡Qué bien, felicidades!». Pero otros me decían: «¿Qué vas a escribir tú? Mejor sigue con lo que sabes hacer».

He aprendido que tienes que saber escuchar y no tomarte personalmente los comentarios, porque cada quien te habla desde su experiencia o sus creencias. Algo que he aprendido es a creer más en mí mismo y atreverme.

Cuando terminé el libro, igual. Recibí felicitaciones y también algunas burlas, como «Tu libro es de ficción», etc. Les digo que incluso partían de la familia o círculo cercano... Por eso lo que quiero decirte es que la crítica constructiva no siempre estará allí, y que no debes engancharte con las críticas negativas.

Debes hacer las cosas y quizás no tengas el resultado que quieres, pero siempre el atreverse es mejor que no hacer nada.

Volviendo al punto de mi primer libro, este me dio una gran satisfacción, y, al mismo tiempo, escribirlo fue como terapia para mí, ya que es una autobiografía. Quise que fuera mi legado para mis hijos, e incluso me sirvió para darme cuenta de los hitos que he logrado y cómo he vivido un sube y baja.

El atreverme a escribir le dio paso a otras oportunidades de negocio... Y bueno, ahora estás tú aquí, leyendo este, mi tercer libro. Por ello, gracias. Y recuerda: no te rindas y haz oídos sordos a la gente. Hazle caso a tu voz interior y atrévete a dejar huella.

*

Para cualquiera que emprenda, tomar acción es fundamental. Sin embargo, dar el primer paso suele ser uno de los mayores obstáculos. Muchas veces nos quedamos atrapados en nuestras dudas, en nuestros miedos y en esa búsqueda interminable de «estar completamente listos». Déjame decirte algo que he aprendido a lo largo de mi vida: nunca te sentirás completamente listo. Y esa es la magia del primer paso. No se trata de tener todas las respuestas o de hacerlo perfecto; se trata de atreverte, de intentarlo, de empezar.

Al dar ese primer paso, estás enviando un poderoso mensaje no solo al mundo, sino a ti: «Me dispongo a aprender y a enfrentar lo que venga».

Cada error que cometas en el camino no es un fracaso, sino una lección. Las personas más exitosas no lo son porque nunca han fallado, sino porque han aprendido a ver el fracaso como una oportunidad de crecimiento. Recuerda que cada intento te acerca un poco más a tus objetivos, y que incluso los tropiezos forman parte del viaje hacia el éxito. Lo importante es persistir, no detenerse.

¿Y si nunca das el primer paso? Siempre te quedarás con la duda de qué hubiera pasado, siempre te cuestionarás si podrías haber logrado más. Dar el primer paso puede ser aterrador, pero no darlo es aún peor. Recuerda que los mayores logros vienen de tomar riesgos y enfrentar tus miedos.

Si sientes que no estás listo o lista para dar ese primer paso, recuerda estas palabras: «Si esperas sentir plena seguridad, nunca darás un gran salto».

No importa cuánto tiempo pases preparándote, siempre existirá la duda y el miedo. Solo cuando te atrevas a dar ese primer paso, podrás darte cuenta de lo que eres capaz.

En resumen, para alcanzar el éxito es necesario tener la disposición de dar el primer paso. No esperes sentir plena seguridad, porque nunca será el momento perfecto. Aprende a ver los errores como oportunidades y persiste en tu camino hacia tus metas y sueños. Recuerda que tomar riesgos y enfrentar tus miedos es parte del proceso y puede llevarte hacia grandes logros. Así que no te detengas, ¡da ese primer paso hoy mismo y comienza tu camino hacia el éxito!

No lo pienses más, atrévete a dar ese gran salto y verás todo lo que puedes lograr. Recuerda siempre tener una actitud positiva y abrirte para aprender de cada experiencia, ya sea buena o mala.

El verdadero fracaso es no intentarlo en absoluto. Así que sigue adelante con valentía y determinación, porque solo tú tienes el poder de acercarte al éxito con cada paso que des. ¡No tengas miedo de dar el primero de ellos!

*

Quiero que te imagines, por un momento, un puente. Al otro lado de ese puente están tus sueños, tus metas, la vida que anhelas. El puente que conecta tus sueños con tu realidad actual se llama **acción.** Sin ese puente, esos sueños se quedarán como una idea, un «hubiera», un «tal vez». Mi objetivo con este capítulo es animarte a cruzar ese puente, a dar el primer paso aunque no tengas todos los detalles claros.

LA IMPORTANCIA DE MANTENER EL IMPULSO DESPUÉS DE DAR EL PRIMER PASO

Dar el primer paso es crucial, pero no es el fin, sino el comienzo de un viaje lleno de aprendizajes, desafíos y crecimiento. Una vez que tomas acción, el siguiente paso es mantener el impulso y no perder de vista tus metas. Esto requiere constancia, disciplina y, sobre todo, confianza en ti.

Habrá momentos en que las cosas no salgan como esperas, pero recuerda que cada obstáculo que superas te hace más fuerte y te acerca más a tu objetivo.

La clave está en mantener una mentalidad de progreso continuo. Puede que el avance sea pequeño, puede que a veces sientas que no estás logrando tanto como quisieras, pero lo importante es seguir adelante. Cada pequeño paso cuenta, y el esfuerzo acumulado a lo largo del tiempo produce grandes resultados. Es como plantar una semilla: no ves el fruto inmediatamente, pero con cuidado, paciencia y trabajo constante, esa semilla crece y se convierte en un árbol fuerte y robusto.

Además, rodéate de personas que alimenten tus sueños y te impulsen a seguir adelante. El entorno que elijas puede tener un gran impacto en tu motivación y resiliencia. Busca mentores, compañeros de viaje y amigos que crean en tus metas y te animen a continuar, incluso cuando las cosas parezcan difíciles.

Recuerda celebrar tus avances, por pequeños que sean. Reconocer tus logros y darte crédito por los pasos que has dado es fundamental para mantener la motivación y reforzar tu confianza. Cada hito alcanzado es una prueba de que eres capaz, de que estás construyendo algo significativo y de que el camino que estás siguiendo vale la pena. Y no te olvides de celebrar, también, tus errores y fracasos, ya que son parte del proceso y te ayudan a crecer y mejorar.

En conclusión, dar el primer paso es una habilidad fundamental para alcanzar el éxito. Aprende a no esperar hasta sentir seguridad absoluta, y atrévete a enfrentar tus miedos e incertidumbres. Una vez que tomes acción, mantén el impulso y persigue tus metas con constancia, paciencia y rodeándote de personas positivas. Recuerda siempre celebrar tus logros y aprendizajes en el camino hacia tu realización

LA PARÁLISIS POR ANÁLISIS

Uno de los enemigos más comunes para quienes quieren emprender es la parálisis por análisis. Nos enfocamos tanto en planificar, en investigar, en buscar el momento perfecto, que no actuamos. Y no te digo que no te prepares; claro que es importante tener una visión y una estrategia. Pero cuando pasas demasiado tiempo planificando y posponiendo, corres el riesgo de quedarte en el mismo lugar.

La parálisis por análisis nos roba tiempo y oportunidades. Cada día que pasas esperando el momento perfecto es un día perdido para acercarte a tus sueños.

Es importante recordar que ningún tipo de planificación puede eliminar completamente la incertidumbre. Siempre habrá factores inesperados, momentos difíciles y decisiones complicadas. Pero es precisamente a través de la acción que aprendes a enfrentarlos y a superarlos.

¿CÓMO SUPERAR LA PARÁLISIS POR ANÁLISIS?

Primero, acepta que el error es parte natural de cualquier proceso. Cada vez que te equivoques no estarás fallando, sino aprendiendo. También es importante establecer metas claras y dividirlas en pasos pequeños y alcanzables. Esto te ayudará a moverte hacia adelante sin abrumarte por la magnitud de tus objetivos.

Además, establece plazos para ti. Tener un marco de tiempo definido evita que caigas en el exceso de planificación y te impulsa a actuar.

A veces, lo más difícil es simplemente comenzar, y una vez que das ese primer paso, notas que las cosas empiezan a fluir. La acción crea *momentum*, y ese *momentum* te lleva a nuevas oportunidades y aprendizajes. Intenta recordarte que no necesitas tener todos los pasos planeados antes de empezar; lo importante es tener el valor de moverte y ajustarte sobre la marcha.

Por último, permite que tus sueños sean más grandes que tus excusas.

Sí, el camino puede ser incierto y desafiante, pero si dejas que tus miedos o tus dudas te paralicen, nunca sabrás de lo que eres capaz. Confía en ti y en tu capacidad de adaptarte a las circunstancias. Al final, el éxito no se trata de nunca cometer errores, sino de nunca dejar de intentarlo. Así que respira profundo, deja de analizar tanto y da el siguiente paso hacia la vida que realmente deseas.

UNA HISTORIA PERSONAL

Hace algunos años, tuve la oportunidad de participar en una licitación importante para mi empresa de Agencia Aduanal. Sabía que sería un reto, así que pedí ayuda a tres amigos, todos con roles importantes en la industria maquiladora. Uno de ellos, un analista con una metodología impresionante, me dejó fascinado por su manera de estructurar cada paso. Pero también me sorprendió su incapacidad para actuar rápidamente.

Después de semanas de trabajo, me dijo: «Alfredo, no entiendo cómo logras tener éxito en tus proyectos. No tienes una metodología exacta como la que usamos nosotros». Mi respuesta fue simple y directa: «Es cierto, pero lo que me ha ayudado es la intuición y la capacidad de atreverme. Tú analizas tanto que a veces no actúas, y ahí está la diferencia. El emprendedor no necesita que todo sea perfecto; necesita moverse, aprender en el camino y ajustar».

Y aunque no logramos la licitación, con ese proyecto ganamos experiencia. La lección fue clara: no hay crecimiento sin acción.

CÓMO EVITAR LA PARÁLISIS POR ANÁLISIS:

- **Pon un límite de tiempo a tu preparación.** Decide cuánto tiempo dedicarás a planificar y comprométete a actuar cuando ese tiempo termine.

- **Acepta la incertidumbre.** Siempre habrá cosas que no sepas. Es normal. Avanza de todos modos.

EJEMPLO INSPIRADOR

¿Sabías que Steve Jobs y Steve Wozniak no esperaron a tener una computadora perfecta antes de empezar Apple? Comenzaron en el garaje de la casa de Jobs, con lo que tenían, y aprendieron en el camino. Esa disposición a actuar cambió el curso de la tecnología para siempre.

EL PRIMER PASO COMO ACTO DE CORAJE

Dar el primer paso no es solo una acción; es un acto de valentía. Cuando decides avanzar, estás enfrentando tus miedos, tus inseguridades y todo aquello que podría detenerte. Es en ese momento cuando sales de tu zona de confort y entras en el terreno del crecimiento.

TE CUENTO UNA ANÉCDOTA

Cuando decidí comenzar mi camino como conferencista, no tenía experiencia hablando en público. Había muchas razones para no intentarlo: miedo a equivocarme, a no conectar con la audiencia, a no estar a la altura. Pero algo dentro de mí me dijo: «Hazlo aunque tengas miedo. Aprende en el proceso».

Ese primer evento no fue perfecto, pero fue el inicio de un viaje increíble que me ha llevado a hablar frente a cientos de personas en distintos países.

Lo que aprendí es que el primer paso no define tu destino, pero sí determina si avanzas o no.

CÓMO DESARROLLAR LA VALENTÍA PARA ACTUAR

- **Conecta con tu «por qué».** Pregúntate por qué quieres hacer eso, qué te motiva. Tener clara esa respuesta te dará la fuerza necesaria para avanzar.
- **Visualiza tu éxito.** Imagina cómo te sentirás después de dar ese primer paso. Esa emoción puede ser la chispa que necesitas para moverte.

EJEMPLO INSPIRADOR

Sara Blakely, fundadora de Spanx, no tenía experiencia en la industria de la moda, pero decidió intentarlo. Con valentía y creatividad, dio el primer paso, y hoy su empresa es un referente mundial.

LOS ERRORES SON PARTE DEL PROCESO

Uno de los mayores miedos al dar el primer paso es cometer errores. Pero déjame compartirte algo que ha transformado mi perspectiva: los errores no son fracasos; son lecciones. Cada error que cometas te acercará más a tu objetivo porque te dará la experiencia que necesitas para mejorar.

Te dejo una frase que me ha guiado a lo largo de mi vida: «A veces se gana y a veces se aprende».

CÓMO CAMBIAR TU PERSPECTIVA SOBRE LOS ERRORES

- **Adopta una mentalidad de aprendizaje.** Cada error es una oportunidad para crecer. Aprende de él y sigue adelante.
- **No te castigues.** Todos cometemos errores. Lo importante es cómo reaccionamos ante ellos.

EJEMPLO INSPIRADOR

Thomas Edison, al ser cuestionado sobre sus miles de intentos fallidos antes de inventar la bombilla, respondió: «No fracasé; solo descubrí miles de maneras en las que no funciona».

CONSTRUYE RESILIENCIA A TRAVÉS DE LA ACCIÓN

La resiliencia es como un músculo: se fortalece cada vez que actúas, incluso cuando las cosas no salen como esperabas. Cada acción, hasta cuando no da el resultado esperado, te hace más fuerte y te prepara más para los desafíos futuros.

CÓMO FORTALECER TU RESILIENCIA

- **No tomes los fracasos como algo personal.** Un error no define quién eres.
- **Piensa a largo plazo.** Enfócate en tu visión. Cada contratiempo es solo una parte del viaje.

EJEMPLO INSPIRADOR

Oprah Winfrey fue despedida de su primer trabajo en televisión, pero en lugar de rendirse, usó esa experiencia para aprender y crecer. Hoy, su historia inspira a millones.

CELEBRAR CADA PASO

Cada acción, por pequeña que sea, merece ser celebrada. Reconocer tus avances te recordará lo lejos que has llegado y te dará energía para seguir adelante.

IDEAS PARA CELEBRAR TUS LOGROS

- Lleva un registro: escribe cada paso que das y revísalo cuando sientas desánimo.
- Premia tus avances: darte un pequeño regalo o hacer una pausa para reflexionar puede ser suficiente para motivarte a seguir.

EJEMPLO INSPIRADOR

Howard Schultz, CEO de Starbucks, celebra cada pequeño avance con su equipo. Esto crea una cultura de gratitud y motivación constante.

CONCLUSIÓN

Dar el primer paso es un acto de fe en ti, en tus sueños y en tus capacidades. Puede que no tengas todas las respuestas, y está bien. Lo importante es empezar. Cada error que cometas, cada obstáculo que enfrentes, será una oportunidad para aprender y crecer.

Recuerda que el éxito no llega de inmediato, pero cada paso que das te acerca más a tus metas. Hoy es el día para dar ese paso. Cree en ti, confía en tu capacidad y atrévete a construir algo extraordinario.

Como dijo Lao-Tse: «El viaje de mil millas comienza con un solo paso». Ahora es tu turno de empezar ese viaje y descubrir todo lo que eres capaz de lograr.

CAPÍTULO 6
INNOVACIÓN Y USO EFICAZ DE LA TECNOLOGÍA

*En la era actual, no es el más
fuerte ni el más inteligente
el que sobrevive, sino el
que mejor se adapta
al cambio y utiliza la tecnología
como su aliada.*

Recuerdo cuando comencé mi negocio, hace más de 28 años. La mayoría de las cosas eran manuales: las llamadas, las solicitudes de servicio, la contabilidad. Hoy, gracias a la tecnología, puedo gestionar múltiples proyectos, automatizar tareas y llegar a clientes nuevos con solo unos clics. Sin esas herramientas, mi negocio no estaría donde está ahora. Creo que el apalancarte con la tecnología siempre es bueno. Y no es algo nuevo, la tecnología siempre ha estado y, obvio, va evolucionando. Y hoy, ni se diga con la inteligencia artificial.

Y actualmente, la verdad, trato de aprender sobre nuevas herramientas y así hacer más en menos tiempo. Como ChatGPT, que vino a revolucionar muchas cosas. Por ejemplo, el otro día tenía la urgencia de llenar un formato de Excel con cierta información específica, algo que no me correspondía a mí como empresa, pero a mi cliente le urgía el trámite y me pidió de favor que lo ayudara. Le dije: «Mira, no es que no quiera hacerlo o que mis colaboradores no quieran. El tema es que no es algo que dominemos y, la verdad, es responsabilidad del transportista que tú contrataste». No obstante, le dije: «Déjame ver qué puedo hacer». Y, bueno, me fui a ChatGPT, hice un *prompt*, unas pruebas, y se hizo la magia. En pocos minutos ya tenía resuelto el problema de mi cliente. Eso sí, no sabía si estaba correcto, pero al menos había llenado los campos y con las especificaciones que solicitaban. Y bueno, sirvió para darle continuidad al trámite de mi cliente.

A lo que voy con esto es que, si estamos a la vanguardia y actualizados en algunas herramientas tecnológicas, podemos ser más productivos y liberar tiempo para hacer otras cosas. Por eso, mi recomendación es que te apliques en aprender habilidades digitales porque sé que te ayudarán mucho en tus emprendimientos o negocio.

Sin duda, a muchos aún se nos dificultan los cambios que se están dando constantemente en materia tecnológica. Nos cuesta adaptarnos.

Aun así, si quieres emprender, tienes que saber utilizar la tecnología a tu favor, de forma adecuada y óptima.

En mi experiencia personal, me he dado cuenta de que mientras más domines herramientas digitales, haces más en menos tiempo. Y eso también genera que te involucres en más cantidad de proyectos, a razón del tiempo que ahora usas de mejor forma.

Por ejemplo, cuando me envían un mensaje de Messenger o WhatsApp, Telegram o cualquier red social, procuro estar checando, constantemente, para no dejar nada pendiente y responder a la brevedad posible. Muchas personas, en cambio, se agobian con eso. No saben por dónde empezar y, entonces, dejan allí los mensajes, que se van acumulando uno tras otro.

Sin embargo, si estás (o quieres estar) en el negocio de las ventas, tienes que estar allí pendiente, y tratar de responder de forma inmediata.

Si una persona te contacta para hacerte una compra, es porque ya está lista para hacerla, pero si no recibe respuesta inmediata, buscará a alguien más que le suministre lo que requiere. Todos sabemos que la competencia es feroz, pues hay un sinfín de ofertas y promociones. Por eso, no podemos dejar ir ese tipo de oportunidades que nos llegan de forma directa, porque estamos dejando ir las ventas y, obviamente, es de las ventas que vive nuestro negocio.

NO DEJES QUE LA TECNOLOGÍA TE USE. APRENDE TÚ A USAR LA TECNOLOGÍA

La mayor parte de la gente vive atrapada en las redes sociales, en los móviles, en las computadoras, vagando y divagando, sin ser efectivos ni productivos. Eso es ser una presa de la tecnología.

Sin embargo, si desarrollas disciplina en cómo utilizar la tecnología y, sobre todo, aprendes a utilizarla para sacarle el mayor provecho, le darás un uso efectivo y además aprenderás a realizar más tareas.

Es importante que aprendamos a utilizar estas herramientas a nuestro favor, y ver cuáles son nuestros límites. De nada sirve tener un montón de redes sociales si no tienes el control total de ellas.

Si estás empezando en ese mundo, puedes iniciar con una o dos aplicaciones y luego, a medida que vayas incrementando tus conocimientos en esa materia, puedes ir ampliando la apertura y uso de las mismas.

Por otro lado, hay quienes, en su resistencia a los cambios, ni siquiera conocen bien el manejo de un computador. Si es tu caso, puedes iniciar haciendo un curso básico de computación; te sorprenderá lo mucho que puedes avanzar, pues la mayoría de las personas solo tienen un conocimiento empírico.

Antes de proseguir con este tema, quiero que reflexiones y te respondas la siguiente pregunta:

¿Estás dónde quieres estar?

Es conveniente que analices tu estado actual para saber si, como emprendedor o dueño de un negocio, estás en la posición que deseas. Estoy convencido de que, si estás aquí leyendo esto, es porque, sin duda, estás en busca de mejoras.

Ahora, toma en cuenta que lo digital es el presente y el futuro, así que tienes que sacar mayor provecho al mercado digital. El *e-commerce* ha crecido en más de 300 %. En el mundo se hacen millones de transacciones digitales, a diario, lo que indica que los consumidores tienen mayor confianza en hacer sus compras por internet.

Analiza tu mercado y responde:

¿A dónde quieres llegar?

¿Lo que haces ahora es suficiente?

CUANDO SABES UTILIZAR MUY BIEN LAS HERRAMIENTAS, LES SACAS MAYOR PROVECHO

Cuando apenas estaba iniciando en la universidad, tenía allí un primo que iba más adelantado que yo en los estudios, y me hizo la siguiente recomendación:

—Primo, compra este modelo de calculadora, que te va a ayudar mucho en la carrera. Pero aquí va el consejo, no sé si sea el mejor, pero a mí me ha funcionado: estudia más el manual de la calculadora que la propia materia.

—Yo, sorprendido, le pregunté:

—¿Y cómo es eso?

—Te vas a dar cuenta, así que estudia el manual —insistió.

Así lo hice. Compré la calculadora HP48G. Y efectivamente, cuando estaba en la universidad estudiando Cálculo Diferencial (me tocó hacer gráficas, circuitos electrónicos y muchas ecuaciones que se utilizan en electrónica), muchos de los problemas nos daban la oportunidad de resolverlos con la calculadora. Pero resultó que varios de mis compañeros llevaban esas calculadoras, pero no sabían cómo utilizarlas, así que tenerlas y nada era lo mismo.

Yo me estudié el manual de la calculadora, y eso me dio la pauta para resolver las ecuaciones de manera fácil. A eso me refiero cuando digo que cuando sabes utilizar correctamente las herramientas, les sacas mayor provecho.

Lo mismo sucede, por ejemplo, con una herramienta que hoy en día es superbásica, el WhatsApp, que puede ser muy útil como canal de venta. Yo te aseguro que no le estás sacando el mayor provecho para promover tus servicios y vender tus productos.

¿Por qué te digo esto? Porque en innumerables ocasiones he visto, en los seminarios y talleres que imparto, que cuando pregunto si saben usar el WhatsApp, de una me dicen que sí, pero cuando pregunto sobre tareas específicas, como usar un bot para respuestas automáticas, descargar y firmar un documento o colgar un catálogo de ventas, la mayoría responde que no. Se quedan asombrados y preguntan si se puede hacer todo eso. Entonces, les respondo de inmediato que sí se puede.

El WhatsApp tiene la versión personal y la versión para negocios, ambas gratuitas. El WhatsApp Business es el que te permite hacer una importante cantidad de tareas que son muy útiles para el desempeño de tu negocio en materia de ventas.

Si, por ejemplo, comienzas por hacer un curso práctico en el manejo de WhatsApp Business, adquirirás conocimientos muy útiles para tu emprendimiento. Aprender y ejecutar al menos tres tips te ayudará notablemente en el impulso de las ventas, ya que podrás resolver automáticamente muchos problemas y avanzar.

Además de WhatsApp, Telegram también se ha convertido en una aplicación muy útil para efectos de marketing. Trae muchas opciones muy buenas para impulsar tu negocio. Obviamente, hay tareas que pueden ser un poquito complicadas, como la configuración y uso de bots. Aun así, también hay cursos prácticos a bajo costo que te pueden ayudar a capacitarte mejor al respecto. Son cuestiones a las que puedes sacar ventajas para poder vender.

HAY UNA RED PARA CADA QUIÉN

No quiero agobiarte, pero es importante que tengas claro que en el mundo existen gran variedad de redes sociales, y cada día van en aumento. Sin embargo, en el caso de Latinoamérica y a nivel global, redes como Facebook, TikTok, Instagram y YouTube siguen marcando tendencia.

Tampoco puedes pretender publicar el mismo contenido en todas, ni para el mismo público, y menos si hablamos de la imagen digital de tu negocio.

Aunque las redes sociales son abiertas para el uso de todos los públicos, cada una tiene unas características predominantes que definen en gran manera el tipo de usuarios o seguidores que las visitan.

Es decir, los jóvenes prefieren TikTok por su contenido de vídeo, mientras que los adultos y personas de la tercera edad prefieren Facebook porque maneja variedad de contenidos.

Los horarios y días de mayor audiencia para hacer publicaciones también varían dependiendo del tipo de red. Lo mismo ocurre con el consumo de contenido. Por ejemplo, en el caso de Instagram, los *reels* tienen mayor impacto que las historias o los *posts*.

También hay que tomar en cuenta la cantidad de publicaciones a postear y el tipo de contenido, ya que no siempre funciona publicar o hacer transmisiones en vivo todos los días.

Así que te sugiero que comiences a investigar sobre las características, ventajas y desventajas de cada red social. Además, también tienes que investigar sobre el impacto de las páginas webs, blogs, tiendas virtuales, franquicias digitales, plataformas de *streaming* y pódcasts, entre otros, para entonces comenzar a definir los canales o medios más adecuados para llegar a tu público objetivo. Y tal como te mencioné antes, puedes iniciar con una o dos aplicaciones para luego ir ampliando tu espectro digital a través de otras redes sociales o medios.

IDENTIFICA Y DIRÍGETE A TU *BUYER PERSONA*

El término «*buyer persona*» se refiere a una descripción detallada y global de tu cliente ideal. El uso efectivo de las redes sociales puede ayudarte en este proceso. La mayoría de estas redes tienen una opción para ver las analíticas e informarte de quiénes son tus contactos o seguidores.

CREA TU AVATAR O CLIENTE CALIFICADO

Puedes, para comenzar, definir tres tipos de clientes a los cuales consideres que va dirigido tu producto o servicio. Lo recomendable es que hagas un testeo en las redes sociales dispuestas para tu negocio. Prueba de diez a catorce días con cada tipo de cliente.

Luego de esto, analiza las publicaciones que más interacción presentaron. Eso será un factor determinante para saber cuál de los tres tipos de público responde mejor a la publicidad digital de tu servicio o producto.

Contesta lo siguiente con relación a los tres tipos de cliente ideal de tu emprendimiento o negocio:

Datos básicos

Nombre

Edad

Género

Ubicación

Estado civil

Estado familiar

Nivel de educación

Estatus económico

Hobbies

Más detalles

¿Cuáles son sus metas profesionales o personales?

¿Cuáles son sus creencias y valores?

¿Cuáles son sus dolores y miedos?

¿Cuáles son sus sueños?

¿Le gusta viajar?

¿Hace compras por internet?

¿Usa tarjeta de crédito?

¿Qué le impide realizar una compra por internet?

BUENAS PRÁCTICAS QUE PUEDEN AYUDARTE EN EL IMPULSO DIGITAL DE TU NEGOCIO

Para generar ingresos, primero hay que conectar con las personas. Así que la siguiente lista te puede ayudar mucho a generar ventas en el mundo digital.

1. Define tu *buyer persona*.
2. Selecciona las redes o medios digitales que usa tu público objetivo.
3. Define y elabora los contenidos que deseas publicar. Para esto, tienes que hacer primero un proceso de *benchmarking*, es decir, ver lo que hace tu competencia para luego tomar lo bueno y mejorarlo (evitando caer en la copia).

4. Identifica los recursos disponibles (con los que cuentas) para crear y publicar esos contenidos.

5. Elabora un cronograma de publicaciones (semanal o mensual).

6. Haz un testeo en cada red o medio seleccionado, para luego comenzar a vender.

7. Automatiza tus respuestas en cada red o medio; que sean directas y rápidas.

8. Independientemente del tipo de negocio o emprendimiento, tienes que dar respuesta a los pedidos más urgentes y a las quejas, y agradecer siempre el interés de los prospectos y usuarios, incluyendo, obviamente, los comentarios positivos.

9. Centraliza el mayor número de redes en un solo programa, con la idea de atender los mensajes y notificaciones. Por ejemplo, las cuentas de Facebook e Instagram se pueden configurar a través de Meta Business Suite, una herramienta gratuita, para que te lleguen a un solo lugar los mensajes privados y los comentarios que hacen en tus publicaciones.

10. Recuerda que el vídeo es el rey que marca la pauta en la mayoría de redes sociales. Hay datos que revelan que, en 2022, el vídeo representó el 82 % del tráfico *online*. Si eres de quienes no te gusta salir en pantalla, puedes utilizar secuencias de imágenes atractivas con *copys* persuasivos con un buen audio y efectos de sonido atrayentes que estimulen el interés del cliente. También, en lugar de una secuencia de imágenes, puedes usar animaciones.

11. Ofrece un servicio de calidad y posventa para crear vínculos y generar confianza y lealtad hacia tu negocio.
12. Lleva un registro mensual de las métricas del alcance, interacción e impacto de tus publicaciones. Evalúa los resultados de la conversión a ventas y luego aplicar los correctivos o mejoras que se requieran.
13. Ten paciencia, mucha paciencia. Las ventas por internet requieren, en la mayoría de los casos, iterar, iterar y seguir iterando hasta lograr vender con éxito nuestros productos o servicios.

ACTUALÍZATE E INNOVA CON FRECUENCIA

Hoy en día, el papel de la tecnología es vital. Lo que sucede con ella es que avanza a pasos gigantescos, y lo que hoy funciona puede ser que mañana ya no... o haya versiones nuevas. Entonces, hay que estar en constante capacitación y actualización para dar un mejor uso a dichas tecnologías.

Es importante que tú, como emprendedor o emprendedora, estés dentro de esta innovación y el uso eficaz de la tecnología; que estés siempre a la vanguardia en el uso de herramientas que te permitan automatizar tus procesos de gestión.

Hoy en día, es importante que los negocios y tiendas en internet estén totalmente automatizados. Un ejemplo de esto es lo siguiente: imagina que vendes un bolso de material orgánico; para esto, haces un embudo de venta. Tu producto está en promoción, entonces la gente lo ve y lo quiere. Compra y paga el producto, a ti te llega la orden de compra y solo le agregas la etiqueta y lo envías por el medio de transporte dispuesto para ello. Entonces, subes al sistema la guía de entrega para que le llegue al cliente. Esto es solo un ejemplo básico. Hay algunos otros procesos más complejos, pero que son automatizados.

Sin embargo, la idea es que inviertas menos tiempo en la gestión de tu negocio y aun así generes ingresos. De eso se trata la automatización de los procesos.

Otra gran ventaja es que esos procesos automatizados operan 24/7, es decir, el cliente puede comprar su producto a la hora que quiera y desde cualquier lugar del mundo, sin necesidad de que tú o tus colaboradores del negocio estén allí, detrás de un mostrador.

Además, si en lugar de ser un producto físico, tu producto es digital, el proceso de venta y entrega es cien por ciento automatizado, así que no va a requerir que estés allí. En ese caso, la gente ve el producto en tu página, lo quiere, lo compra y lo descarga. A ti, de todo ese proceso, solo te llega la información de la compra y el dinero a tu cuenta.

Esto último, para mí, es lo ideal. Además, la venta de productos digitales está a la orden del día y cada vez hay mayor demanda de cursos, talleres, conferencias y eventos totalmente *online*.

Si quieres emprender, tienes que quitarte ese tabú de que no sirves para la tecnología. Eso solo es un obstáculo mental que te impedirá avanzar en lo que quieres.

Deja de ser un consumidor pasivo, porque de seguro cuentas con algún teléfono móvil, computador o aparato que te mantiene en comunicación. Aprovecha mejor esos recursos y ponlos a generar ingresos. El proceso, aunque puede ser demandante al principio en cuanto al aprendizaje y la automatización, al final puede resultarte muy divertido y útil para subir tu nivel de ingresos.

Es momento de sacar ventaja de todo ello, como el emprendedor que eres.

PRINCIPALES VENTAJAS DE MONTAR UNA TIENDA VIRTUAL

- Está abierta las 24 horas del día.
- Tiene menos gastos operativos en comparación con una tienda física.
- Puede vender a cualquier parte del planeta donde haya conexión de internet.
- No requiere tener inventarios o productos en *stock*.
- Te ayuda a proyectar tu marca personal o de la tienda.

Entre las recomendaciones principales de algunos expertos con relación a lo mínimo viable para montar una tienda virtual están:

- Adquirir un servicio de hosting.
- Registrar un dominio con el nombre de la empresa o tienda.
- Escoger el tema a utilizar en el formato de Wordpress.
- Gestionar el certificado de seguridad de la tienda (SSL).

- Hacer el diseño gráfico de la página de la tienda.

Nota: al final comparto los *links* con tarifas de promoción de las empresas que me prestan los servicios antes mencionados.

APROVECHA AL MÁXIMO LAS APLICACIONES MÓVILES

Creo que ya te mencioné su impacto brevemente en otro capítulo del libro. Ahora quiero decirte que el desarrollo de las apps es imparable. Hay un dato que señala que, a mediados de 2021, los consumidores descargaron 27,6 billones de aplicaciones desde Google Play.

Según la empresa de investigación eMarketer, se prevé que, en este 2025, gracias a las aplicaciones, los ingresos por ventas asciendan a 3,32 trillones de euros. Por lo que los expertos de esta industria, aseguran que es el mejor momento para invertir en lo que se conoce como el Mobile Commerce o comercio móvil.

Ya sabes que hay aplicaciones móviles gratuitas y de servicios pagos, para casi todo lo que quieras, desde medir tu pulso cuando haces ejercicio hasta la compra de cualquier artefacto enviado directamente de China. Pasando por la compra de lingotes de oro y el trading. Hay de todo para todos, con solo utilizar una aplicación desde tu celular.

VENDE TUS PRODUCTOS HACIENDO LANZAMIENTOS POR WEBINARIOS

Un webinario, o seminario web es una conferencia transmitida en vivo a través de internet. Dura un promedio de 45 minutos. En ese tiempo, el expositor comparte de forma amena contenido de valor que enganche a la audiencia y, por lo general, tiene como propósito principal hacer un llamado a la acción.

Los webinarios son útiles porque sirven de enganche para cautivar el interés del público, además de que permiten la interacción en tiempo real para esclarecer dudas y responder a cualquier inquietud.

Luego de esto, puedes invitar a la audiencia a adquirir alguno de tus productos o servicios a precio de oferta o promoción, por tiempo limitado, en agradecimiento por su participación. Por experiencia personal, sé que funcionan.

Regularmente hago webinarios a los que convoco a mis grupos privados de Facebook cuando quiero promocionar el lanzamiento de algún curso. Los asistentes obtienen como beneficio un descuento de hasta el 50 % de descuento por su asistencia a la actividad y por hacer su compra antes de que finalice ese día.

Las plataformas más conocidas y utilizadas para hacer este tipo de transmisiones son Zoom, YouTube Live, Ecam, WebinarJam y Stream Yard.

INTERNET PERSONALIZADO CON LA WEB 3.0

Estamos en una transición. De la web 2.0 a la 3.0 puede llevarse una década, según algunos expertos. Con la web 3.0 o web semántica, la tecnología se puede convertir en una extensión del cuerpo. Ya existen cientos de estos casos en el mundo.

Aunque la gran mayoría de quienes vivimos conectados a la internet seguimos bajo la modalidad de la web 2.0, que nos permite interactuar con nuestras comunidades de usuarios y clientes, así como conocer de primera mano su opinión y preferencias, al día de hoy se puede decir que estamos en una etapa de transición.

Con la web 3.0, los líderes son la inteligencia artificial y la realidad virtual. También destacan los servicios P2P y el *blockchain*.

Quiero compartirte brevemente de qué tratan:

- **Inteligencia artificial:** ahora los dispositivos, y casi cualquier aparato, puede contar con la capacidad de procesar una gran cantidad de datos de forma rápida, así como con algoritmos que hacen que el *software* aprenda e identifique de forma automática patrones y características en los datos. Es decir, pueden realizar de forma automática trabajos para los cuales sean programados, sin necesidad de intervención de personas.

- **Realidad virtual y realidad aumentada:** son tecnologías que permiten que el usuario perciba escenas y objetos en su entorno, de apariencia real o superpuestos, creados por tecnología informática. Esto puede darse a través de un simulador o un avatar, mediante un ordenador o con la inmersión en un entorno virtual. En el caso de la realidad aumentada, esta permite poner capas de información visual sobre un entorno real utilizando tecnología en un teléfono móvil.

- **Servicios P2P:** se trata de plataformas que permiten a las personas conectarse entre sí, compartir información y archivos a través de la conexión de aplicaciones, sin necesidad de intermediarios.

- *Blockchain*: es una estructura o especie de libro electrónico que almacena datos casi imposibles de falsificar y que se pueden compartir de forma pública entre diferentes usuarios, mientras va dejando un registro indeleble en sus transacciones. Se usa para rastrear activos y generar confianza en redes de negocios, con lo cual su implementación se ha vuelto muy útil en empresas de todo el mundo.

HAY QUE DARLE LA BIENVENIDA AL METAVERSO

Seguro ya sabes que Facebook, en 2025, sigue siendo la red social más utilizada en el mundo. Pues bien, la crisis ocurrida en 2020 por la pandemia impulsó a la empresa a innovar con mayor empeño en el mundo virtual.

Facebook cambió su nombre a Meta, y ha apostado de forma estratégica, con el título de Metaverso, a una segunda realidad digital a la que se puede acceder a través de dispositivos, como gafas especiales. Allí, los usuarios pueden interactuar con otros a través de avatares.

Por ejemplo, como emprendedores o dueños de negocio, podemos crear un espacio de trabajo virtual en el que interactuemos, en reuniones de trabajo, a través de avatares que nos representen... Tal como si estuviera nuestro ser o espíritu dentro de una película, encarnando otro cuerpo e interactuando con otros personajes de realidad virtual.

STARTUPS BASADAS EN IOT (INTERNET DE LAS COSAS)

Aunque el término «internet de las cosas» tiene más de tres décadas, en los últimos años ha cobrado mayor relevancia. Además, no se trata de una definición puramente tecnológica, sino que tiene que ver con una conexión fluida y veloz de millones de objetos al mismo tiempo.

En el mundo hay muchas *startups* y emprendimientos que están apostando por la prestación y desarrollo de servicios basados en la movilidad y el ancho de banda, la creación de interfaces virtuales, así como la oferta de servicios basados en la gestión remota de terminales y dispositivos.

Muchos emprendimientos están bajando sus costos de acceso e innovando en soluciones de servicios gracias a la aparición de plataformas como Blynk, que es actualmente la más popular del mercado.

Blynk es la plataforma de IoT más buscada. Ofrece conexión de dispositivos a la nube, además de la posibilidad de diseñar aplicaciones para controlarlos y supervisarlos de forma remota, y ayuda a administrar miles de productos que se hayan implementado.

EL *ELEARNING* DE POR VIDA

Tengo una amiga, de la cual soy mentor, a quien le encanta decir que «todos somos alumnos y estudiantes», y definitivamente está en lo cierto. Hay cursos y programas de formación *online* para todos los gustos y necesidades.

Ahora bien, puede que dar clases no sea lo tuyo, o que tu emprendimiento o negocio no se relacione directamente con el sector de la educación. Sin embargo, si hablamos de tendencias, innovación y tecnología, sugiero que lo pienses mejor, pues hoy en día para que cada producto o servicio tenga éxito en el mundo virtual, es relevante que compartas información de valor y hasta «eduques» a tu público objetivo para que conozca lo que ofreces o vendes y pueda sacarle mayor provecho.

Es decir, si tu emprendimiento se refiere al servicio de diseño y construcción de jardines verticales, es conveniente que compartas, en las redes de tu negocio, los diseños en tendencia, tutoriales de cómo cuidar el jardín de tu casa y temas por el estilo.

Incluso, puedes ofrecer, con tus productos y servicios, algún tipo de capacitación digital que los consumidores puedan adquirir como un agregado de valor. Además, de seguro representará otra fuente de ingreso para tu negocio.

De acuerdo con un análisis y el pronóstico de la empresa consultora Research and Markets, el mercado de la educación en línea superará los 500 mil millones de dólares hasta el año 2024.

Gracias al crecimiento y desarrollo exponencial de las redes sociales y la internet, en los últimos tiempos ha comenzado a estar de moda el término *microlearning*, que se refiere al microaprendizaje.

La demanda del *microlearning* está creciendo a pasos agigantados. Los consumidores buscan aprender nuevas habilidades y tener mayor información sobre cualquier tema en el momento que tienen disponible para ello, conectados desde cualquier dispositivo.

YouTube es la plataforma estrella de los tutoriales. Otras opciones de formatos para nuestras comunidades de usuarios pueden ser los pódcasts, las *playlists* y las infografías.

LÁNZATE DE LLENO AL *ECOMMERCE*

Finalmente, aunque sigo siendo muy repetitivo en esto, quiero mencionarte que los expertos aseguran que estamos en la era dorada del *ecommerce*. Obviamente, las plataformas famosas como Amazon, eBay y AliExpress se comparten la mayor parte de las ganancias de este negocio. Sin embargo, por otro lado, hay un sinnúmero de nichos por explorar y descubrir.

Tú también puedes tener tu tajada del *ecommerce* innovando, especializándote y personalizando tus servicios para destacar y captar la atención de tu público objetivo. Recuerda que las grandes empresas que te mencioné trabajan con mercados masivos, por lo que difícilmente pueden prestar un servicio personalizado que atienda los detalles y necesidades muy puntuales de determinados nichos de clientes, y es allí dónde te toca aprovechar esa oportunidad.

CAPÍTULO 7
ESTRATEGIAS Y SISTEMAS

*El talento te lleva lejos, pero los sistemas
y una buena estrategia son los que aseguran
que permanezcas allí.*

Recuerdo cuando comencé mi primer negocio. Estaba tan enfocado en resolver cada detalle personalmente que terminé agotado y con resultados inconsistentes. Todo cambió cuando entendí que necesitaba sistemas para que mi negocio funcionara incluso sin mi intervención constante. Hay un rezo muy conocido que dice: «El que quiera tienda, que la atienda», y es cierto. Al inicio, tú eres todólogo en tu negocio.

Pero hoy en día te puedo decir que hay un punto donde tienes que aprender a delegar y soltar el negocio porque, si no, solo tendrás un autoempleo y lo veo mucho en conocidos que tienen su negocio pero están esclavizados en él. Y no es que sea malo, pero creo que lo ideal es tener un negocio que te genere ingresos y libertad de tiempo y por eso es importante tener un sistema y estrategias.

Muchos emprendedores se sienten motivados a seguir sus pasiones, pero encontrar el camino para generar ingresos sostenibles a partir de lo que aman puede ser desafiante. Sin una estrategia clara y sistemas sólidos, los esfuerzos pueden quedar estancados o no dar los resultados esperados.

En este capítulo, aprenderás a definir una estrategia efectiva y a construir sistemas que hagan tu negocio más eficiente, permitiéndote generar ingresos de manera constante y hacer lo que te apasiona.

Sin duda, hoy en día hay más oportunidades de emprender dadas las herramientas que hay. En mis inicios, en 1997, todo era más analógico. Por ejemplo, si querías vender un producto, debías apostar a que fuera bueno y se vendiera bien... Y comprar stock, porque no había otra opción.

Hoy en día, gracias al internet y otras herramientas, puedes validar un producto sin hacer tanta inversión como antes; y si ves que hay respuesta, pues ya compras con confianza el producto para venderlo porque ya lo validaste. Eso es de mucha ayuda.

Bueno, es solo por mencionar un ejemplo, en realidad hoy hay demasiadas herramientas que te ayudan a emprender *online* e incluso en negocios físicos. Por ejemplo, si inicias un negocio de fin de semana de venta de comida, puedes apalancarte en las redes sociales o WhatsApp Business para hacer promoción y vender. Antes, pues era más hacer un *flyer* o de boca en boca. Y no quiero decir que eso ya no exista; muchos siguen usando la vieja escuela, pero es porque no saben usar la tecnología a su favor.

Insisto: hoy en día es más fácil emprender... O digamos que hay más opciones.

Cuando yo inicié mi emprendimiento, no había muchas opciones para generar ingresos desde casa. Claro que había algunas y que incluso hoy siguen vigentes, como la venta directa o redes de mercadeo,tipo Amway, Avon, Marykay, etc., pero eran muy contados los trabajos que podías emprender o hacer desde casa fuera de las ventas directas (por ejemplo, los maestros que daban clases de regularización como trabajo extra que hacían después de clases, y tenían que hacerlos en sus casas o en aulas de la escuela).

Eso hoy en día ha revolucionado al 1000 %. Ahora, los mismos ejemplos antes mencionados, como las ventas directas, siguen haciéndose desde casa o en los tiempos libres, pero la mayoría ya se apalanca en herramientas como el Zoom o videollamadas, lanzamientos, embudos o ecosistemas para ofrecer sus productos o hacer alguna demostración, presentación de la oportunidad de negocio o entrenamientos individuales o grupales. La economía, sin duda, está en evolución.

Hay un dato que dice que actualmente el 43 % de los estadounidenses tienen un trabajo adicional (fuente Bankrate Survey) y que, para el 2027, 86,5 millones de estadounidenses tendrán un trabajo extra.

Esto nos da una idea de que todos, con la inflación actual del 2024, cuando escribo este libro, deberemos tener ingresos adicionales para poder sostener el costo de vida, pero si estás leyendo este libro, tú no serás parte de esa estadística de tener un trabajo extra, pero sí un ingreso extra que sea generado por un emprendimiento, y haciendo lo que te apasiona.

Así que empieza a pensar qué es eso te gustaría dar a tu comunidad gratis y de valor, en lo que te vuelvas tan bueno que quieran pagarte por ello. Sé que no es fácil encontrar eso que nos apasiona, o se nos complica cuando ya tenemos obligaciones o negocios que nos demandan nuestro tiempo.

Te cuento mi ejemplo real sin tanto detalle, ya que lo narro en mi libro *El éxito es para todos*. Yo inicié mi emprendimiento saliendo de la universidad, y ya pasados algunos años, cuando digamos que ya estaba establecido, empecé a incursionar en otras áreas, como el *network marketing* específicamente. Esta industria me llevó a adentrarme en el crecimiento personal y después a prepararme en el arte de hablar en público.

Llegué por la necesidad de hablar en público en eventos y capacitaciones que debía dar a mi equipo, y me pasó algo interesante. A medida que ponía en práctica lo aprendido y me capacitaba, fui descubriendo que es un oficio que me relaja y, además, me da mucha satisfacción el poder entregar valor a las personas.

Y así empecé a recibir invitaciones para dar conferencias. Al inicio eran gratuitas, y no sé en qué momento me empezaron a invitar de organizaciones y grupos externos. Alguien me recomendaba, me contactaban y, bueno, hoy en día me pagan por ello y he tenido la bendición de conocer varios países, ciudades y mucha gente que va sumando conocimiento a mi vida.

Te cuento esto porque sin duda tú tienes algo que aportar a la humanidad y también puede que estés dispuesto a hacerlo gratis, y luego se convierta en un ingreso adicional... o quizás tu ingreso principal, y puedas vivir de lo que amas y disfrutas hacer.

Vas a necesitar una buena estrategia y un sistema. A título personal, lo que me ha permitido crecer en mis emprendimientos ha sido el tener un SISTEMA.

Cuando escuchamos la palabra «sistema», viene a nuestro pensamiento que es algo de *software* o de cómputo, pero me refiero a que tener tu propia ruta de tu negocio establecida ya sea con metodologías, reglamentos internos, procesos, etc. Claro, será apoyado por computadoras y *software*.

Te explico parte de mi sistema en mi negocio principal, en el cual nos dedicamos al comercio exterior. Nuestros clientes compran diferentes mercancías en USA y requieren importarlas a México. Nuestro trabajo es hacer todo el papeleo y la logística.

Cuando llega mercancía a nuestra bodega por parte de cualquiera de nuestros clientes, se activa nuestro sistema operativo. El proceso comienza con el jefe de bodega, quien recibe la mercancía y crea un registro de tráfico: la ingresa al sistema, lo cual genera una entrada formal junto con etiquetas para su identificación.

Después, el encargado de bodega informa al área de tráfico para dar seguimiento al cliente y solicitar las facturas, documentación e instrucciones necesarias para ese embarque. Una vez que se cuenta con esta información, se realiza una revisión física del producto y se entrega a un compañero especializado en clasificación arancelaria, quien determina la fracción correspondiente para que el área de tráfico pueda elaborar el pedimento de importación.

Con el pedimento listo, el área de tráfico envía al cliente el estimado de gastos. Una vez recibido el depósito, se verifica con contabilidad y se procede al pago de impuestos correspondientes. Tras esto, el pedimento ya pagado se remite al jefe de bodega, quien lo utiliza para cargar la mercancía en la unidad correspondiente y darle salida, completando así el proceso de importación.

Otro ejemplo lo ves en negocios de franquicias tipo McDonald's, que tienen sistemas que les permiten replicarse. Todos siguen ese sistema; de lo contrario, no tendrían el resultado. Imagínate que, de repente, a un franquiciatario se le ocurriera vender, digamos, menudo, los domingos en un McDonald's. Como evidentemente no es parte del sistema, la probabilidad de que el negocio se venga abajo es muy alta, aparte de que cancelarían inmediatamente esa tienda por no apegarse al sistema de la franquicia.

A grandes rasgos, ese es uno mis sistemas, donde mi idea es estar fuera de la ecuación e intervenir solamente cuando se requiera. Cuando hay alguna duda o problema de cualquier tipo, me consultan. Esto me ha permitido ocupar mi tiempo en otros emprendimientos o para capacitarme y seguir creciendo.

Al principio, no era así. Yo era todólogo y no sabía de la importancia de tener un sistema y saber delegar; así que aprovecho y te super recomiendo que tomes en cuenta este consejo que, si alguien me hubiera dicho más temprano, me hubiera ahorrado muchos problemas y la curva de crecimiento hubiera sido más corta. Y esto va de la mano con tener también una buena estrategia; por ello ahora te comparto algunos tips para reforzar lo que es estrategia y sistema, que espero sean de utilidad en tu emprendimiento.

1. DEFINE TU ESTRATEGIA DE NEGOCIO

Una estrategia sólida es como el mapa que guía todas tus decisiones y acciones. Sin una estrategia clara, es fácil perder el enfoque y desviar esfuerzos en tareas que no contribuyen a los objetivos del negocio. Una buena estrategia se basa en comprender tu mercado, identificar tu propuesta de valor y establecer objetivos específicos.

PASOS PARA CREAR UNA ESTRATEGIA EFECTIVA

- **Identifica tu propósito y misión.** ¿Por qué quieres hacer este negocio? Define en una frase la misión de tu emprendimiento. Esta claridad te ayudará a tomar decisiones alineadas con tu visión.
- **Analiza tu mercado.** Investiga quiénes son tus clientes potenciales, cuáles son sus necesidades y cómo puedes satisfacerlas de una manera única.
- **Define tu propuesta de valor.** ¿Qué es lo que hace tu negocio único? ¿Qué ofreces que nadie más ofrece de la misma manera? Una propuesta de valor clara te diferencia de la competencia.

- **Establece metas y objetivos específicos.** Define metas a corto, mediano y largo plazo. Las metas SMART (específicas, medibles, alcanzables, relevantes y con tiempo determinado) te ayudarán a monitorear el progreso y ajustar la estrategia según sea necesario.

EJEMPLO INSPIRADOR

Patricia, una emprendedora de repostería saludable, decidió enfocarse en un nicho específico: productos sin azúcar y aptos para personas con diabetes. Su estrategia se basó en ofrecer postres saludables y deliciosos, promoviendo su negocio en redes sociales y en eventos de salud. Gracias a su propuesta de valor clara y a sus metas definidas, pudo expandir su negocio y construir una marca reconocida.

2. LA IMPORTANCIA DE LOS SISTEMAS EN TU NEGOCIO

Los sistemas son procesos organizados que te permiten gestionar y escalar tu negocio de manera eficiente. Con sistemas sólidos, puedes automatizar tareas, reducir errores y liberar tiempo para enfocarte en aspectos estratégicos del negocio.

Los sistemas bien diseñados no mejoran la eficiencia y brindan una experiencia más consistente y confiable para tus clientes.

TIPOS DE SISTEMAS IMPORTANTES

- **Sistema de ventas.** Incluye el proceso para atraer clientes, cerrar ventas y hacer seguimiento. Puedes usar herramientas de CRM *(customer relationship management)* para mantener el control de tus interacciones con los clientes.

- **Sistema de *marketing*.** Un sistema de *marketing* te permite planificar y ejecutar tus campañas de manera consistente. Esto incluye publicaciones en redes sociales, *email marketing* y promociones.

- **Sistema de finanzas.** Incluye el control de ingresos y gastos, la facturación, la administración del flujo de efectivo y el seguimiento de ganancias. Un sistema financiero te ayuda a tomar decisiones informadas y a mantener la estabilidad económica del negocio.

- **Sistema de atención al cliente.** Un buen sistema de atención al cliente asegura que las consultas y problemas se resuelvan de manera rápida y eficaz, mejorando la satisfacción del cliente.

EJEMPLO INSPIRADOR

Juan Pablo, un diseñador gráfico independiente, implementó un sistema de gestión de proyectos para organizar sus tareas y el seguimiento de cada proyecto. Esto le permitió gestionar más clientes a la vez sin perder calidad en su trabajo, lo cual incrementó sus ingresos y mejoró su reputación.

3. CÓMO CREAR SISTEMAS EFICIENTES PARA TU NEGOCIO

Para construir sistemas eficientes, es importante empezar con los procesos básicos y luego optimizarlos. Esto requiere identificar las tareas repetitivas y definir procedimientos claros para cada actividad.

PASOS PARA CREAR SISTEMAS EN TU NEGOCIO

- **Documenta tus procesos.** Enumera todas las tareas que realizas regularmente en tu negocio. Para cada una, describe los pasos exactos y organízalos en un flujo de trabajo.
- **Automatiza lo que sea posible.** Usa herramientas de automatización para simplificar tareas repetitivas. Por ejemplo, puedes programar tus publicaciones en redes sociales o automatizar el envío de correos electrónicos de bienvenida a nuevos clientes.
- **Crea plantillas.** Usarlas para correos electrónicos, propuestas de trabajo o facturas puede ahorrarte mucho tiempo y asegurar consistencia en la comunicación con tus clientes.
- **Establece indicadores clave de rendimiento (KPI).** Define cómo medirás el éxito de cada sistema. Por ejemplo, el tiempo de respuesta al cliente o el porcentaje de ventas cerradas puede ser un buen indicador de la eficiencia del sistema de ventas.

EJERCICIO

Te Invito a elegir una tarea repetitiva en tu negocio y a crear un sistema para ella. Anota los pasos necesarios y considera cómo puedes automatizar o simplificar el proceso.

4. CÓMO MANTENER Y MEJORAR TUS SISTEMAS

Una vez que tus sistemas están en marcha, es importante monitorearlos y mejorarlos continuamente. Con el tiempo, las necesidades del negocio pueden cambiar y los sistemas deben adaptarse a esos cambios para seguir siendo efectivos.

CONSEJOS PARA MANTENER Y MEJORAR TUS SISTEMAS

- **- Revísalos regularmente.** Programa una revisión trimestral o semestral para evaluar si están funcionando según lo esperado.

- **- Solicita retroalimentación.** Escucha la opinión de tus clientes y empleados. A menudo, ellos pueden identificar áreas de mejora que no habías notado.

- **- Adopta la tecnología adecuada.** Actualiza herramientas y *software* que puedan hacer tus sistemas más eficientes. A medida que el negocio crezca, puedes considerar implementar *software* más robusto o herramientas de análisis de datos.

EJEMPLO INSPIRADOR

Laura, una consultora de bienestar, empezó a utilizar un sistema de encuestas automáticas para recibir retroalimentación de sus clientes después de cada sesión. Esto le permitió mejorar la calidad de sus servicios y ajustar sus programas de acuerdo con las necesidades de sus clientes, lo que la ayudó a retener más clientes y a recibir más recomendaciones.

5. ESTRATEGIA Y SISTEMAS: EL CAMINO HACIA UN NEGOCIO SOSTENIBLE

La estrategia y los sistemas no solo te ayudan a generar ingresos, sino también a construir un negocio sostenible y a largo plazo. Estos elementos te permiten crecer, adaptarte a los cambios del mercado y brindar una experiencia consistente a tus clientes.

BENEFICIOS DE TENER ESTRATEGIAS Y SISTEMAS SÓLIDOS

- **Escalabilidad.** Con sistemas eficientes, puedes expandir tu negocio sin necesidad de duplicar tus esfuerzos.
- **Eficiencia y ahorro de tiempo.** Los sistemas permiten que el negocio funcione de manera fluida, liberando tiempo para enfocarte en aspectos estratégicos.
- **Mejor servicio al cliente.** Los sistemas de atención al cliente y ventas aseguran una experiencia satisfactoria, aumentando la lealtad y la retención de clientes.

- **Control financiero.** Con una estrategia y un sistema financiero claro, puedes monitorear tus ingresos y gastos, lo que te permite tomar decisiones informadas y mantener la rentabilidad.

CONCLUSIÓN

La estrategia y los sistemas son fundamentales para cualquier negocio que aspire a crecer y generar ingresos de manera sostenible. Al tener un plan claro y un conjunto de procesos organizados, puedes concentrarte en lo que realmente te gusta hacer mientras tu negocio opera de manera efectiva.

No importa si estás empezando; comienza a desarrollar tu estrategia y construye sistemas que puedas mejorar con el tiempo. De esta forma, estarás dando pasos sólidos hacia un negocio exitoso y satisfactorio.

CAPÍTULO 8
APRENDE A MANEJAR LAS FINANZAS

El dinero no garantiza el éxito, pero la mala administración financiera asegura el fracaso.

EL PILAR ESENCIAL PARA LA SOSTENIBILIDAD DEL NEGOCIO

La pasión y las ideas son esenciales para el emprendimiento, pero déjame ser claro: sin una sólida gestión financiera, incluso el negocio más prometedor puede fracasar.

Saber cómo manejar el dinero no es un lujo, es una necesidad. Las finanzas son el pilar que sostiene el crecimiento, la estabilidad y la sostenibilidad de cualquier emprendimiento. No se trata solo de ganar dinero, sino de saber administrarlo, multiplicarlo y hacerlo trabajar para ti.

En este capítulo, exploraremos los principios básicos de finanzas que todo emprendedor debe conocer y aplicaremos herramientas prácticas que te ayudarán a mantener el control de tus recursos.

Lo sé por experiencia: el dinero puede llegar fácil, pero lo difícil es que permanezca contigo.

¿POR QUÉ ES VITAL LA EDUCACIÓN FINANCIERA EN EL EMPRENDIMIENTO?

Cuando comenzamos un negocio, es común enfocarnos en crear productos, atraer clientes o mejorar servicios. Pero ¿qué pasa con los recursos financieros que sostienen todo eso? Una mala gestión financiera es como construir un castillo sobre arena. Sin una base sólida, cualquier crisis o error puede derrumbarlo todo.

Quiero compartirte algo que viví en un momento de bonanza económica. Estaba generando ingresos adicionales de mis negocios tradicionales, gracias a un proyecto en el sector del MLM *(network marketing)*. Mi confianza financiera creció tanto que, sin darme cuenta, empecé a relajarme y a descuidar los principios que siempre había aplicado en mi vida: cuestionar cada gasto, evitar compras impulsivas y pensar en cómo reinvertir antes de gastar. Para cuando me di cuenta, estaba en problemas financieros. ¿Cómo me salvé? Volviendo a lo básico: tomar el control, ser disciplinado y poner en práctica lo que había aprendido sobre finanzas.

CONSECUENCIAS DE UNA MALA GESTIÓN FINANCIERA

- **Endeudamiento.** La falta de control puede llevarte a gastar más de lo que ganas.
- **Incapacidad para reinvertir.** Sin control, no podrás hacer crecer tu negocio porque no tendrás recursos para invertir.
- **Falta de liquidez.** Esto puede dificultar cubrir tus costos básicos, poniendo en peligro la estabilidad de tu negocio.

Mi mensaje para ti es simple: no permitas que el dinero te controle. En lugar de pensar en cómo gastarlo, pregúntate cómo puedes duplicarlo.

PRINCIPIOS BÁSICOS DE FINANZAS PARA EMPRENDEDORES

Durante mi vida adulta, he agradecido haber tenido una maestra en la preparatoria que me enseñó los fundamentos de la contabilidad. Activos, pasivos, capital, ingresos y gastos: esas cinco palabras se quedaron grabadas en mi memoria y se convirtieron en mi brújula financiera. ¿Por qué? Porque son el marco básico de cualquier sistema financiero sólido.

PRINCIPIOS CLAVE QUE TODO EMPRENDEDOR DEBE APLICAR

1. **Registra tus ingresos y gastos.** Si no sabes cuánto dinero entra y sale, estás navegando sin mapa. Mantén un registro detallado de todas tus transacciones.
2. **Flujo de caja positivo.** El flujo de caja es el dinero que entra y sale de tu negocio en un periodo determinado. Tu objetivo debe ser mantener un flujo de caja positivo para cubrir gastos y ahorrar para futuras inversiones.
3. **Diferencia entre activos y pasivos.** Los activos generan valor o ingresos, mientras que los pasivos generan gastos. Tu meta es construir activos y minimizar pasivos.
4. **Presupuesto.** Un presupuesto te ayuda a planificar y priorizar tus gastos para que no excedas tus límites financieros.

EJERCICIO

Haz una lista de todos tus ingresos y gastos actuales. Reflexiona sobre si tu flujo de caja es positivo o negativo. Esto será tu punto de partida para mejorar tu gestión financiera.

CÓMO CREAR UN PRESUPUESTO PARA TU NEGOCIO

Un presupuesto no solo es una herramienta útil, es el corazón de la estabilidad financiera de tu negocio. Te permite prever ingresos y gastos, planificar inversiones y tomar decisiones informadas.

PASOS PARA CREAR UN PRESUPUESTO EFECTIVO

1. **Estima tus ingresos.** Basándote en datos previos, calcula cuánto esperas ganar. Sé realista, pero también ambicioso.
2. **Identifica tus gastos fijos y variables.** Los gastos fijos (alquiler, sueldos, servicios) son predecibles, mientras que los variables (materiales, publicidad) pueden cambiar.
3. **Asigna montos a cada categoría.** Define cuánto puedes gastar en cada área. Esto evitará que uses más recursos de los necesarios en un solo rubro.
4. **Revisa y ajusta mensualmente.** Al final de cada mes, compara tus gastos reales con tu presupuesto y ajusta según sea necesario.

HISTORIA INSPIRADORA

Sofía, una emprendedora en el negocio de decoración de eventos, estaba luchando por mantener el control de sus gastos. Al implementar un presupuesto mensual, descubrió áreas donde podía ahorrar y reinvirtió ese dinero en mejorar su inventario. Hoy, su negocio es más rentable que nunca.

HERRAMIENTAS PARA EL CONTROL FINANCIERO

Hoy en día, existen muchas herramientas que pueden ayudarte a llevar el control de tus finanzas de manera efectiva.

HERRAMIENTAS RECOMENDADAS

- **Hojas de cálculo.** Excel o Google Sheets son opciones gratuitas y personalizables.
- **Aplicaciones de contabilidad.** QuickBooks (en USA) o Contpaq (en México) te permiten automatizar tareas como facturación y control de gastos.
- **Aplicaciones bancarias.** Muchas ofrecen reportes detallados de ingresos y gastos en tiempo real.

LA IMPORTANCIA DE SEPARAR LAS FINANZAS PERSONALES DE LAS DEL NEGOCIO

Uno de los errores más comunes de los emprendedores es mezclar las finanzas personales con las del negocio. Esto puede generar desorden y decisiones impulsivas.

CÓMO SEPARAR TUS FINANZAS

1. **Abre una cuenta bancaria exclusiva para el negocio.** Esto hará que sea más fácil rastrear los ingresos y gastos del negocio.
2. **Asígnate un sueldo.** Define cuánto recibirás como salario del negocio y respétalo.
3. **Lleva un registro separado.** Mantén un control claro de tus finanzas personales y empresariales.

CÓMO PREPARARTE PARA IMPUESTOS Y COSTOS INESPERADOS

Ignorar los impuestos o no prepararte para gastos inesperados puede poner en riesgo tu negocio.

CONSEJOS PARA PREPARARTE

1. **Reserva un porcentaje de tus ingresos para impuestos.** Habla con un contador para definir cuánto necesitas apartar.
2. **Crea un fondo de emergencia.** Este fondo debería cubrir entre tres y seis meses de gastos operativos.

3. **Infórmate sobre incentivos fiscales.** Investiga si puedes beneficiarte de programas de apoyo o deducciones fiscales en tu país.

REFLEXIÓN FINAL

La gestión financiera es mucho más que números; es un acto de disciplina, intencionalidad y visión. Cuando dominas tus finanzas, liberas espacio para enfocarte en lo que realmente importa: tu pasión, tus metas y el impacto que deseas generar.

Quiero que recuerdes algo muy importante: el dinero es solo una herramienta. No le des el poder de controlarte. Úsalo sabiamente, multiplícalo y haz que trabaje para ti. La libertad financiera no se trata de cuánto ganas, sino de cómo administras lo que tienes.

Mi invitación para ti es esta: revisa tus finanzas regularmente, aprende constantemente y aplica cada uno de los principios que hemos explorado en este capítulo. Con el tiempo, estas prácticas se convertirán en un hábito y, eventualmente, en las mayores fortalezas de tu emprendimiento.

Y algo superimportante: en la medida de lo posible, contrata buenos profesionales de la contabilidad y la asesoría financiera. Siempre debes cumplir tus obligaciones fiscales. Además, el tener un contador que te haga las declaraciones y reportes para estar al día te abre oportunidades de financiamiento que, sin duda, es algo que todo emprendimiento o negocio ocupa, ya sea para iniciar o escalar. En lo personal, cuando he tenido la necesidad, se me ha facilitado por tener en orden mis impuestos y contabilidad.

A la mayoría de la gente no le gusta pagar impuestos, pero, créeme, es mejor pagar, pues tienes más oportunidades financieras. Además, si estás pagando impuestos es porque el negocio está reportando utilidades, que es lo que buscamos.

Recuerda: el éxito no se trata solo de tener un negocio rentable; se trata de construir una vida sostenible y significativa. ¡Tú puedes lograrlo!

CAPÍTULO 9
DISCIPLINA Y CONSTANCIA –
LAS CLAVES PARA MANTENER Y
HACER CRECER
TU NEGOCIO A LARGO PLAZO

El éxito no lo determina
lo que haces de vez en cuando,
sino lo que haces consistentemente.

En el camino del emprendimiento, es fácil sentirse motivado al principio, pero, con el tiempo, la energía puede disminuir frente a los desafíos y la rutina.

La disciplina y la constancia son los ingredientes que ayudan a mantener el negocio en marcha, incluso cuando la motivación flaquea. La disciplina es el compromiso de seguir adelante y cumplir con lo necesario cada día, y la constancia es lo que hace que los resultados crezcan y se acumulen con el tiempo.

En este capítulo, exploraremos cómo cultivar estas cualidades y aplicarlas en tu negocio o emprendimiento para lograr un crecimiento sostenible y duradero.

¿POR QUÉ LA DISCIPLINA Y LA CONSTANCIA SON ESENCIALES PARA EL ÉXITO?

La disciplina es el acto de hacer lo necesario incluso cuando no se tiene ganas, mientras que la constancia es el esfuerzo continuo que genera resultados a largo plazo. Estas cualidades no solo son esenciales para iniciar un negocio, sino también para mantenerlo y hacerlo crecer en el tiempo.

Recuerdo mis tiempos universitarios, cuando practicaba taekwondo. Había días que no tenía ganas de entrenar, pero ya estaba en mí esa disciplina, e inconscientemente, para cuando acordaba, ya estaba en el vestidor del gimnasio cambiándome para entrenar. Hoy en día, creo que esa formación ha sido pilar de mi vida personal y profesional, porque me dio las bases de la disciplina.

BENEFICIOS DE LA DISCIPLINA Y LA CONSTANCIA

- **Construcción de hábitos positivos.** La disciplina diaria permite establecer hábitos que facilitan el trabajo y mejoran la productividad.
- **Superación de la resistencia.** La constancia ayuda a superar la falta de motivación y a avanzar cuando surgen obstáculos.
- **Generación de confianza y credibilidad.** Un emprendedor disciplinado y constante inspira confianza en sus clientes, equipo de trabajo y socios.
- **Resultados acumulativos.** Los esfuerzos diarios, aunque pequeños, se suman con el tiempo y crean un impacto significativo en el negocio.

EJEMPLO INSPIRADOR

Andrea, dueña de un negocio de artesanías, atribuye su éxito a la disciplina de trabajar todos los días en su proyecto, incluso cuando no se siente inspirada. Su constancia le ha permitido aumentar su clientela y abrir una tienda en línea que complementa sus ventas físicas.

CÓMO CULTIVAR LA DISCIPLINA EN TU NEGOCIO

La disciplina no siempre es fácil de mantener, pero existen estrategias para fortalecerla. A continuación, exploramos algunos pasos que te ayudarán a construir una mentalidad disciplinada y a cumplir con tus responsabilidades diarias.

CONSEJOS PARA DESARROLLAR LA DISCIPLINA

- **Establece una rutina diaria.** Crea un horario fijo para tus actividades más importantes. La consistencia en tu horario facilita el hábito y reduce la resistencia a empezar.
- **Prioriza tus tareas.** Define las tareas críticas que realmente contribuyen al crecimiento de tu negocio. Enfócate en ellas y evita las distracciones.
- **Haz lo difícil primero.** Completa las tareas más difíciles o menos agradables al inicio del día. Esto libera tiempo y energía para el resto de las actividades.
- **Elimina las distracciones.** Identifica qué te distrae y establece límites claros, como tiempos sin acceso a redes sociales o espacios sin interrupciones.

EJEMPLO INSPIRADOR

Daniel, un entrenador personal, comienza cada día organizando su agenda y priorizando sus sesiones de entrenamiento y tareas administrativas. Gracias a su rutina, ha logrado mantener una clientela leal y ha crecido consistentemente.

LA CONSTANCIA COMO CLAVE PARA EL CRECIMIENTO

La constancia es el compromiso de seguir avanzando paso a paso, incluso cuando los resultados no son inmediatos. En el mundo de los negocios, los logros rara vez se alcanzan de un día para otro; es el esfuerzo constante lo que lleva al crecimiento y la sostenibilidad.

CÓMO MANTENER LA CONSTANCIA EN TU NEGOCIO

- **Fija metas a corto y largo plazo.** Establece metas alcanzables para mantenerte motivado y metas a largo plazo para guiar tus esfuerzos.
- **Registra tus avances.** Lleva un registro de tus logros, por pequeños que sean. Ver el progreso te dará motivación para seguir.
- **Reconoce y celebra cada logro.** Valora cada paso alcanzado, incluso si parece pequeño. Celebrar los avances refuerza la motivación para seguir adelante.
- **Sé paciente.** La constancia requiere paciencia. No te desanimes si los resultados no son inmediatos; mantén el enfoque en tus objetivos.

EJEMPLO INSPIRADOR

Lucía, una emprendedora que abrió su cafetería hace dos años, al principio no vio muchas ganancias, pero mantuvo la constancia en su esfuerzo diario. Con el tiempo, su clientela creció, y hoy en día su cafetería es un referente local.

CÓMO LA DISCIPLINA Y LA CONSTANCIA TE AYUDAN A SUPERAR OBSTÁCULOS

El camino del emprendimiento no es lineal. A lo largo del proceso, enfrentarás obstáculos como la falta de recursos, problemas operativos y situaciones imprevistas. La disciplina y la constancia son las herramientas que te permiten sobrellevar estos momentos difíciles y seguir adelante.

CONSEJOS PARA APLICAR LA DISCIPLINA Y LA CONSTANCIA EN TIEMPOS DIFÍCILES

- **Mantén la perspectiva.** Recuerda tu propósito y tus objetivos a largo plazo. Enfocarte en tu misión te ayudará a sobrellevar los momentos complicados.
- **Sé flexible.** Si encuentras un obstáculo, ajusta tu enfoque sin perder la constancia. La disciplina no significa rigidez; a veces es necesario adaptarse.
- **Encuentra apoyo.** Busca la ayuda de mentores, colegas o grupos de emprendedores que puedan ofrecerte apoyo y orientación.

- **Aprende de cada obstáculo.** En lugar de ver los problemas como fracasos, tómalos como oportunidades de aprendizaje que fortalezcan tu negocio.

EJEMPLO INSPIRADOR

Raúl, dueño de una pequeña empresa de tecnología, enfrentó problemas financieros durante su primer año. Sin embargo, su disciplina y constancia en buscar soluciones y adaptarse le permitieron superar la crisis, y hoy su empresa sigue en crecimiento.

ESTRATEGIAS PARA FORTALECER LA DISCIPLINA Y LA CONSTANCIA

Para que la disciplina y la constancia se conviertan en una parte natural de tu vida y negocio, es importante cultivarlas activamente. Aquí tienes algunas estrategias que te ayudarán a mantenerte firme en tu camino emprendedor.

Algunas estrategias recomendadas son:

- **Hacer seguimiento de tus hábitos.** Usa una aplicación o un diario para llevar un registro de tus hábitos diarios. Esto te permitirá visualizar tu constancia y hacer ajustes cuando sea necesario.

- **Encontrar un compañero de responsabilidad.** Compartir tus metas y progresos con alguien más, como un colega o mentor, puede motivarte a mantener la disciplina y la constancia.

- **Establecer recompensas.** Date pequeñas recompensas al cumplir ciertos objetivos o al mantener la constancia en tus esfuerzos. Las recompensas refuerzan el hábito.

- **Incorporar el aprendizaje continuo.** La disciplina incluye seguir mejorando. Busca capacitación y conocimientos que fortalezcan tus habilidades y mantente al día con las tendencias de tu industria.

EJEMPLO INSPIRADOR

Carmen, una *coach* de bienestar, mantiene un registro semanal de sus actividades y celebra cada logro con una pequeña recompensa, como un día libre. Esto le permite mantener la disciplina y sentirse motivada en su trabajo diario.

CONCLUSIÓN: LA DISCIPLINA Y LA CONSTANCIA CREAN EL ÉXITO

La disciplina y la constancia son dos cualidades imprescindibles para cualquier emprendedor que desee construir un negocio duradero y exitoso.

Aunque a veces no sea fácil mantenerlas, cada día de esfuerzo y dedicación contribuye al logro de tus metas.

Recuerda: el éxito no se alcanza en un solo paso, sino en la suma de pasos pequeños que tomas todos los días. Cultivar la disciplina y mantener la constancia te dará la resiliencia para enfrentar desafíos y la satisfacción de ver cómo tu negocio crece y se fortalece con el tiempo.

CONSEJO FINAL

Te invito a que identifiques un área en tu negocio en la que te gustaría mejorar tu disciplina o constancia. Escoge una de las estrategias que compartí en este capítulo y comprométete a aplicarla. La práctica de la disciplina diaria es lo que te llevará a construir el negocio que sueñas.

Hoy, creo firmemente que esta combinación de disciplina y constancia te harán lograr cualquier meta de emprendimiento. Yo siempre digo que no hay meta inalcanzable, sino solo gente que se cansa a mitad del camino. Y si estás leyendo esto, seguramente eres de las personas que están preparándose y adquiriendo conocimientos y habilidades, y que no te cansas. Felicidades por ello.

Te comento que en uno de mis emprendimientos, específicamente en la industria del *network marketing*, a diario me toca conversar con prospectos o incluso personas que ya están en el proyecto. En general, empiezan con todas la ganas y les pregunto siempre cuál es su porqué. Normalmente, es que quieren tener más tiempo para estar con la familia, o vacaciones, o simplemente una mejor calidad de vida para sus seres queridos... Pero he visto que muy poca gente aguanta el camino.

Llevo casi quince años (los cumplo en mayo del 2025) y cada semana tengo que dedicar al menos una hora a asistir a una presentación presencial u *online*, así como a uno que otro evento, o apoyar a consultores, y no es nada fácil, la verdad, pero al final te digo que ha valido la pena.

Actualmente tengo una red con más de 9,000 socios. Sin embargo, no todos están activos; de hecho, solo alrededor de 20 se mantienen trabajando de forma constante. La mayoría son inestables: algunos entran con entusiasmo, pero se rinden al poco tiempo; otros van y vienen sin un compromiso real.

Lo valioso de este modelo de negocio es que, aunque solo unos pocos se mantengan firmes —y mientras yo también siga activo y enfocado— el sistema sigue generando resultados. La clave ha sido la constancia y el liderazgo sostenido.

Por eso dicen que solo el 3 % de la población tiene riqueza; porque la mayoría no está dispuesta a dar ese extra al comprometerse y disciplinarse. Por eso la importancia de este capítulo. Deseo de todo corazón que, con cualquier emprendimiento que hagas, llegues a tus metas y te mantengas allí.

Quiero que este capítulo sea práctico y accesible para ti, con ejemplos reales y estrategias que puedas empezar a implementar desde hoy mismo. A través de los ejemplos y ejercicios de reflexión, espero ayudarte a conectar emocionalmente con el contenido y demostrarte que la disciplina y la constancia son habilidades alcanzables y profundamente motivadoras.

También cabe añadir en este capítulo algo con lo que todos batallamos, que es en la administración del tiempo. Por ello te comparto algo al respecto: todos tenemos 365 días al año, 24 horas al día y 7 días a la semana. La clave está en cómo utilizamos ese tiempo.

HACE MUCHO LO LEI Y ME ENCANTO..

Si hubiera un banco que te diera todos los días en la mañana 1440 monedas de oro y en la noche al final del día te quitará las monedas que no has usado, ¿que harías? Seguro que gastarías en el día hasta la última moneda verdad.

Pues bien ese banco existe y se llama tiempo, cada día te entrega 1440 minutos y al final del día te quita los que no has usado, por lo tanto depende de ti como usas esas preciosas monedas llamadas tiempo.

Es importante aprender a priorizar nuestras actividades, enfocándonos en lo realmente esencial y estableciendo metas claras. Una herramienta útil para lograr esto es la planificación, ya sea a través de agendas físicas, aplicaciones digitales o simples listas de tareas.

Al asignar bloques específicos de tiempo para cada actividad, podemos evitar la procrastinación y mejorar nuestra productividad. Recuerda que administrar tu tiempo de manera efectiva también incluye reservar espacio para el descanso y la recreación, ya que mantener un equilibrio es fundamental para nuestro bienestar.

No sé si te preguntes cómo es que tal persona hace tanto, mientras tú sientes que no te rinde el día.

Bueno, las personas administradas saben la importancia y distribuyen su tiempo según sus necesidades y forma de ser, porque lo que es adecuado para unos puede no serlo para otros.

Por eso, es fundamental que te conozcas y entiendas cuáles son tus prioridades y límites. Un paso clave es identificar en qué estás gastando tu tiempo actualmente.

Puedes llevar un registro durante una semana y analizar si estás dedicando demasiado tiempo a actividades poco productivas o innecesarias. Una vez que tengas claridad, podrás tomar decisiones más conscientes sobre cómo distribuir tu tiempo.

Además, no olvides la importancia de aprender a decir «no» cuando sea necesario. Muchas veces aceptamos compromisos que realmente no podemos manejar, lo que nos lleva al agotamiento. Recuerda que tu tiempo es valioso y debes priorizar aquello que realmente aporta valor a tu vida y a tus objetivos. Con paciencia y práctica, poco a poco serás capaz de gestionar mejor tus días y sentir que cada momento cuenta.

Unos le dan importancia hacer ejercicio para arrancar el día; para otros quizás es prioridad tener tiempo para una actividad que les guste, etc.

Hay unos enemigos de la administración del tiempo: la procrastinación, la falta de organización y las distracciones.

La procrastinación puede surgir por diversas razones, como el miedo al fracaso o la falta de motivación. Enfrentarla implica dividir las tareas en pasos más pequeños y manejables.

La falta de organización, por su parte, nos hace perder tiempo buscando información o demorar decisiones que podrían haberse tomado previamente. Por ello, es esencial establecer sistemas organizativos claros que se adapten a nuestras necesidades personales.

Las distracciones, ya sean tecnológicas como las redes sociales o ambientales como el ruido, también representan un gran obstáculo. Para combatirlas, podemos crear un entorno de trabajo tranquilo y limitar el uso de dispositivos electrónicos durante periodos específicos de tiempo.

No olvidemos que mantenernos enfocados en nuestros objetivos y eliminar las barreras nos permitirá aprovechar mejor las horas de cada día y vivir con mayor intención. Por eso, es bueno que separes tiempo para actividades personales (descanso, diversión, etc.), así como para actividades familiares y sociales).

Otro aspecto clave en la administración eficaz del tiempo es aprender a establecer límites claros, no solo con nosotros mismos, sino también con las personas que nos rodean. Esto incluye evitar compromisos excesivos que puedan sobrecargarte de responsabilidades y aprender a delegar tareas cuando sea posible. Delegar no solo alivia tu carga, sino que también permite que otros se involucren y aprendan a asumir diferentes roles.

Además, es importante entender que no todo tiene que ser perfecto. Muchas veces, el perfeccionismo puede ser un enemigo oculto de la productividad, llevándonos a invertir tiempo innecesario en detalles que no tienen un impacto significativo en el resultado final. Es más efectivo centrarse en cumplir con lo esencial de manera eficiente que buscar resultados impecables en cada aspecto.

Por último, no subestimes el poder de las pausas. Tomarse pequeños descansos entre tareas o bloques de trabajo ayuda a recargar energías, aumentar la concentración y evitar el agotamiento. Incorporar prácticas como la técnica Pomodoro o simplemente levantarse a estirar cada cierto tiempo son métodos simples y efectivos para optimizar la gestión de tu tiempo. Recuerda: administrar tu tiempo no se trata de hacer más, sino de hacerlo de manera más consciente y alineada con tus objetivos y bienestar.

Si tú no estás bien, no puedes tener éxito en lo que haces (y mucho menos disfrutarlo).

Algunas herramientas tecnológicas también pueden ser grandes aliadas en la administración de tu tiempo. Aplicaciones como calendarios digitales, herramientas de gestión de tareas como Trello o Notions e incluso temporizadores especializados te pueden ayudar a mantener un registro claro de tus compromisos y a establecer recordatorios para no olvidar tus prioridades. Estas herramientas facilitan la organización y te ayudan a ser más consciente de cómo distribuyes tu tiempo.

Otro punto importante es la flexibilidad. Aunque planificar y organizar son fundamentales, también es necesario aceptar que no todo saldrá siempre como lo planeamos. La capacidad de adaptarte a los cambios y reajustar tu planificación sin sentir frustración es clave para una gestión eficaz. La vida está llena de imprevistos, y aprender a fluir con ellos te permitirá mantener un enfoque positivo y realista.

En última instancia, recuerda que el objetivo de administrar tu tiempo no es llenar cada minuto con actividades, sino encontrar un balance que te permita cumplir con tus responsabilidades mientras disfrutas de tu vida. Valora cada momento y aprovéchalo de la mejor forma posible, priorizando lo que realmente te importa. La administración eficiente de tu tiempo aumentará tu productividad, tu felicidad y tu satisfacción con tu día a día.

Algo que puedes hacer es preparar las cosas con anticipación cuando es posible. Por ejemplo, escoger en la noche la ropa que vas a usar al otro día, o buscar todo lo que necesites antes de empezar alguna tarea.

También te sugiero que aprendas a autodisciplinarte, a darle prioridad a las cosas que son importantes, necesarias y urgentes (aunque ello signifique posponer algo que te gustaría hacer).

Otro consejo valioso es aprender a establecer rutinas. Las rutinas no solo facilitan la toma de decisiones; también crean hábitos positivos que optimizan el uso de tu tiempo. Por ejemplo, establecer una hora fija para levantarte o para realizar ciertas tareas diarias reduce la incertidumbre y aumenta la productividad. Las rutinas también ayudan a evitar la procrastinación, ya que tu mente se acostumbra a realizar ciertas actividades automáticamente.

Asimismo, no olvides la importancia de priorizar tu salud mental y emocional mientras gestionas tu tiempo. Con frecuencia, nos enfocamos tanto en cumplir con nuestras responsabilidades que ignoramos señales importantes de estrés o agotamiento.

Incorporar prácticas como la meditación, el ejercicio físico regular o incluso actividades relajantes como leer o escuchar música puede marcar una gran diferencia en tu bienestar general. Recuerda que tener energía y claridad mental es esencial para enfrentar cada día con efectividad.

Finalmente, reflexiona al final de cada jornada sobre cómo has manejado tu tiempo. Este proceso no tiene que ser complicado; simplemente dedícale unos minutos para evaluar qué lograste, en qué áreas puedes mejorar y cómo te sentiste durante el día. Esta autorreflexión es clave para realizar ajustes y seguir avanzando hacia una gestión eficiente y equilibrada de tu tiempo.

Una estrategia adicional para mejorar la gestión de tu tiempo es enfocarte en el concepto de «bloques de tiempo». Este consiste en asignar periodos específicos de tu día a tareas concretas, evitando interrupciones y distracciones durante ese tiempo. Por ejemplo, puedes dedicar un bloque exclusivo a responder correos electrónicos, otro a realizar tareas creativas, y otro a reuniones o llamadas. Al estructurar tu día de esta manera, no solo optimizas tu concentración, sino que también reduces la sensación de estar constantemente saltando de una actividad a otra.

Por otro lado, no subestimes la importancia de la motivación y el propósito. Tener un objetivo claro en mente te proporciona una mayor energía y enfoque para realizar tus tareas. Identifica cuáles son tus metas más importantes y recuerda constantemente el «porqué» detrás de lo que haces. Alinear tus acciones con tus valores y prioridades personales mejora tu productividad y te brinda una mayor satisfacción en el proceso.

Por último, recuerda ser amable contigo mismo. La gestión del tiempo no es una ciencia exacta. Habrá días en los que no logres cumplir con todo lo que planeaste; no te castigues por ello. En lugar de enfocarte en lo que quedó pendiente, céntrate en los logros y aprendizajes de ese día.

La constancia y la paciencia son clave para desarrollar hábitos efectivos que te permitan aprovechar al máximo tu tiempo sin sacrificar tu bienestar.

CAPÍTULO 10
CONECTAR CON LAS PERSONAS Y LOS MENTORES CORRECTOS

Si quieres ir rápido, ve solo;
si quieres llegar lejos, ve acompañado.

Clave para el crecimiento y el aprendizaje: cuando comencé mi camino en el emprendimiento, cometí el error de pensar que podía hacerlo todo solo. Tenía una visión, energía y determinación, pero no sabía lo importante que sería rodearme de personas que compartieran esa visión y me ayudaran a crecer.

A lo largo de los años, descubrí que uno de los factores más decisivos para alcanzar el éxito no es solo el esfuerzo individual, sino la capacidad de conectar con las personas adecuadas, aquellas que nos inspiran, nos desafían y nos ayudan a expandir nuestra perspectiva.

Quiero que te tomes un momento para pensar en las personas que actualmente te rodean. ¿Te motivan a avanzar? ¿Te impulsan a ser tu mejor versión? A veces, no nos damos cuenta de que la energía y las actitudes de las personas con las que pasamos nuestro tiempo tienen un impacto profundo en nosotros. Para crecer, necesitamos rodearnos de personas que también estén en su propio camino de crecimiento, y, aún más importante, necesitamos de aquellos mentores que ya han recorrido el camino y están dispuestos a guiarnos.

En este capítulo, te mostraré cómo puedes construir una red de contactos y, más importante, cómo encontrar a esos mentores que te ayudarán a llegar más lejos de lo que jamás imaginaste.

LA IMPORTANCIA DE RODEARTE DE PERSONAS QUE TE IMPULSEN

Todos tenemos un potencial inmenso, pero que a veces necesita un empujón externo para florecer. Imagina una planta que, aunque provenga de las mejores semillas, no crece porque no tiene suficiente luz. De igual manera, nosotros necesitamos la luz de las personas adecuadas para alcanzar nuestro máximo potencial.

Cada persona que te rodea influye en tu mentalidad y en la forma en que ves el mundo. Las personas con mentalidad de crecimiento te inspiran a seguir avanzando, incluso cuando el camino se vuelve difícil. Por el contrario, aquellos que están atrapados en la negatividad y el conformismo pueden limitar tus aspiraciones, ya que su visión de la vida es limitada.

Este no es solo un consejo para que te deshagas de las personas negativas, sino una invitación a que seas selectivo con las personas que eliges tener cerca en tu vida profesional y personal. Conectar con personas que comparten tu pasión, que valoran la perseverancia y que creen en la importancia de mejorar constantemente te dará la motivación necesaria para seguir adelante, te impulsarán cuando las cosas se pongan difíciles y te recordarán que no estás solo en este viaje.

LA BÚSQUEDA DE UN MENTOR: EL ACELERADOR DEL CRECIMIENTO

Cuando escuché por primera vez sobre el concepto de tener un mentor, pensé que no era para mí. Tenía esta idea equivocada de que un mentor solo era necesario cuando uno enfrentaba grandes desafíos o no tenía idea de cómo avanzar. Pero la verdad es que todos necesitamos mentores, sin importar en qué etapa estemos. Un mentor es esa persona que ha recorrido el camino que deseas transitar y que puede ayudarte a evitar errores innecesarios, ahorrándote tiempo y energía.

Un buen mentor no es alguien que te da todas las respuestas, sino que te ayuda a hacerte las preguntas correctas; es esa persona que te desafía a ver tus propios puntos ciegos y a enfrentar tus debilidades, que te muestra lo que es posible y te impulsa a perseguir tus metas con aún más determinación.

Recuerdo a uno de mis primeros mentores en la industria. Su guía y apoyo me ayudaron a enfrentar mis miedos y me enseñaron la importancia de la paciencia y la perseverancia. No solo aprendí de su experiencia, sino también de sus errores y de cómo los había superado. Esa relación fue un punto de inflexión en mi vida y en mi negocio, y hoy quiero que tú también encuentres ese mentor que pueda marcar la diferencia en tu camino.

Dicho sea de paso, puedes contactarme para ser tu mentor.

¿CÓMO ENCONTRAR A LAS PERSONAS Y MENTORES CORRECTOS?

Aquí te comparto algunos pasos prácticos para que empieces a construir tu red de personas que te impulsen y encuentres mentores que te ayuden a crecer.

1. DEFINE TUS OBJETIVOS

Antes de empezar a buscar personas y mentores, necesitas tener claridad sobre lo que quieres lograr. Pregúntate cuáles son tus metas actuales y en qué áreas necesitas ayuda o guía. Saber lo que necesitas te permitirá identificar mejor a las personas que pueden ayudarte a alcanzar tus objetivos.

2. ASISTE A EVENTOS Y TALLERES DE TU INDUSTRIA

Los eventos, conferencias y talleres son una excelente manera de conocer a personas con intereses similares. No necesitas ir con la mentalidad de «buscar un mentor» de inmediato; en cambio, acércate con la intención de conocer personas inspiradoras, compartir ideas y, quién sabe, quizás encuentres a alguien dispuesto a guiarte.

3. APROVECHA LAS REDES PROFESIONALES

Plataformas como LinkedIn pueden ser una herramienta poderosa para conectar con gente de tu industria. Tómate el tiempo para investigar y conectar con personas clave. Envíales un mensaje personalizado en el que expliques por qué te gustaría conectar con ellos y cómo podrías aportar valor a su red.

4. SÉ AUTÉNTICO Y MUESTRA INTERÉS GENUINO

Las relaciones auténticas se construyen con el tiempo y con sinceridad. No busques a personas solo por lo que pueden hacer por ti. Muestra interés genuino en sus historias, en sus experiencias y en lo que los motiva. Cuando das valor, recibes valor.

5. BUSCA EN TU COMUNIDAD

Muchas veces, los mentores y contactos más valiosos están más cerca de lo que creemos. Pregunta en tu círculo de conocidos si pueden recomendarte a alguien que ya haya recorrido un camino similar al que deseas transitar.

6. ENCUENTRA UN COMPAÑERO DE RESPONSABILIDAD

Además de los mentores, busca un compañero de responsabilidad, alguien que también esté en el camino del crecimiento y con quien puedas compartir tus metas y desafíos. Tener a alguien que te motive a seguir adelante es fundamental para mantener el enfoque.

LA IMPORTANCIA DE LA CONFIANZA Y LA HUMILDAD EN LA RELACIÓN CON UN MENTOR

Tener un mentor implica abrirte y ser vulnerable. Debes estar dispuesto a mostrar tus debilidades y a recibir retroalimentación constructiva. Esto requiere humildad y una mentalidad abierta. Un mentor no está allí para juzgarte, sino para ayudarte a ver con claridad.

La confianza es fundamental en esta relación; debes confiar en su juicio y aceptar sus consejos, incluso cuando no coincidan con lo que esperabas escuchar.

Recuerda que un mentor no está para resolver tus problemas, sino para guiarte en el proceso de encontrar tus propias soluciones. La relación con un mentor es una colaboración, y, cuanto más valor le aportes tú también, más rica y significativa será.

CÓMO MANTENER Y FORTALECER TU RED DE CONTACTOS

Crear una red de contactos valiosa no se trata solo de conocer muchas personas, sino de construir relaciones significativas. Aquí tienes algunos consejos para mantener y fortalecer esas conexiones:

- **Mantente en contacto.** No necesitas estar en constante comunicación, pero asegúrate de mantenerte presente en la vida de tus contactos. Un mensaje ocasional, una felicitación o compartir una actualización interesante pueden mantener viva la relación.

- **Aporta valor.** Busca formas en las que puedas contribuir con tus contactos y mentores. Puede ser compartiendo recursos útiles, presentándoles a alguien de tu red o simplemente mostrando tu agradecimiento por su apoyo.
- **Escucha y aprende.** En cada interacción, intenta aprender algo nuevo. Escucha con atención y muestra curiosidad genuina. Las personas valoran a quienes realmente los escuchan y aprecian su experiencia.
- **Sé paciente y constante.** Las relaciones de valor no se construyen de un día para otro. Invierte tiempo y esfuerzo, y verás cómo, con el tiempo, estas conexiones pueden ser de gran beneficio para tu crecimiento.

CONCLUSIÓN: EL VALOR DE LAS CONEXIONES EN TU VIAJE

El camino del emprendimiento puede ser solitario, pero no tiene por qué serlo. Conectar con las personas correctas y encontrar a los mentores adecuados es lo que hará que tu viaje sea más enriquecedor y efectivo. Estas relaciones no solo te darán herramientas y conocimientos, sino que también te brindarán apoyo emocional y motivación en los momentos difíciles.

Rodearte de personas que creen en ti y que están dispuestas a compartir su experiencia es un regalo que puede transformar tu vida. La red que construyas te abrirá puertas que ni siquiera imaginabas y te llevará a lugares que quizás no habrías alcanzado por ti mismo.

Así que empieza hoy. Busca personas que te inspiren, que te impulsen a ser tu mejor versión y que te ayuden a aprender y a crecer. Con cada conexión, estarás dando un paso más hacia el éxito y hacia el logro de tus sueños.

CAPÍTULO 11
ADÁPTATE CON ÉXITO Y USA TU MENTALIDAD

Una de las cosas debemos tomar en cuenta al emprender, es adaptarnos a los cambios y ser flexibles ante las adversidades y los retos. Por ejemplo, recuerdo que, en pandemia, un día cualquiera, escuché una paradoja que voy a parafrasear a continuación:

> Tienes más tiempo que nunca, pero no puedes compartirlo con nadie, ni disfrutarlo.
>
> Tal vez el universo trata de decirnos que nada de lo que tenemos en la vida, ni el trabajo, ni la casa y ni siquiera el tiempo, merecen algún esfuerzo si no lo podemos compartirlo con otros.
>
> Esta pandemia no es el apocalipsis, pero representa una gran oportunidad para entender el propósito real de nuestro paso por este mundo.

Cuando Europa se ve más afectada que África, cuando un beso pasa a ser un arma, cuando el dinero no te salva de padecer alguna enfermedad, la vida, como la entendíamos hasta ese momento, se detiene para todos. Entonces, el tiempo, muchas veces, se vuelve un castigo.

Tal vez, cuando volvamos a caminar aparentemente libres, caminemos ahora más despacio, más humildes, más humanos.

Desconozco quién es el autor de esa paradoja, pero me hizo reflexionar mucho en los momentos de aislamiento por pandemia. En una etapa tan crucial como esa, te das cuenta de que los retos de la vida son así. Simplemente, tienes que adaptarte al cambio.

Siempre me gusta repetir esta frase: «Al éxito le gusta la velocidad».

Por eso, en plena pandemia muchos emprendedores nos adaptamos a esos cambios y a la forma de hacer las cosas. Cuando nos adaptamos a las nuevas necesidades y a resolver los problemas que se estaban presentando en nuestra área comercial, tomamos ventaja de las oportunidades, mientras muchos otros cerraron sus negocios, perdieron sus empleos o pasaron situaciones muy difíciles por la resistencia a ejecutar los cambios.

SIEMPRE HAY PROBLEMAS QUE RESOLVER

La invitación, como emprendedor que ha pasado por diferentes escenarios y unas cuantas crisis, es que tienes que aprender a adaptarte y ser flexible a los cambios, porque nunca estamos seguros de lo que pueda ocurrir en el mundo.

Aprende a detectar problemas y encontrar soluciones viables para los mismos. Comienza a mirar alrededor, en tu comunidad y hacia tu entorno, para detectar cuáles son sus necesidades. Por muy tonto que esto parezca, es justo en esa detección de problemas donde podrías encontrar una gran oportunidad para emprender, haciendo una propuesta que proporcione la mejor solución.

La adaptación y flexibilidad tiene que darse rápido, porque una vez que aceptas los cambios, emprendes un proceso de adaptación a las nuevas formas y aprendes también a ser flexible contigo mismo y con quienes te rodean.

Un ejemplo muy claro fue lo de la migración o la transformación de las empresas y organizaciones a la operatividad digital. Algunas se resistieron con tanta rigidez que terminaron cerrando sus negocios, echando por la borda toda su trayectoria.

EL MANEJO DE NEGOCIOS EN LA POSPANDEMIA

Ahora que estamos en la época pospandemia, la realidad nos exige trabajar en modo híbrido, es decir, que la operatividad de nuestros emprendimientos contemple el desarrollo a través de medios digitales además de la gestión física y presencial.

Lo ideal es llegar a un balance, de acuerdo a la estructura y al público objetivo de tu negocio. Por ejemplo, si tu emprendimiento es una tienda física, aun así debes apoyar la gestión de tu tienda a través de medios digitales.

Sé que para algunos puede sonar dura la siguiente frase, pero da cuenta de las tendencias a nivel global: «Si no estás en internet, no existes». Fue pronunciada por Bill Gates hace ya varios años, cuando ni siquiera sospechábamos que vendría una crisis por pandemia.

A pesar de lo anterior, reconozco que aún existen muchos negocios físicos que son 100 % tradicionales y otros que son 100 % digitales. Pero lo más útil y recomendable es que te adaptes y aprendas a ser flexible, a combinar de la mejor manera ambos mundos para lograr un mayor éxito y, además, prepararte para afrontar cualquier nuevo reto.

Durante la pandemia, muchos restaurantes cerraron sus puertas, mientras que otros se adaptaron a los cambios. Unos, a través de la internet y el manejo de aplicaciones, comenzaron a vender comida a domicilio. Hoy en día, a pesar de que muchos han abierto las puertas de sus locales, una de las áreas de mayor éxito sigue siendo la venta de comida a domicilio mediante el uso de aplicaciones con las que el consumidor se siente satisfecho y bien atendido.

De más está decirte que, en la pandemia, la aparición y uso de aplicaciones móviles para todo tipo de servicios alcanzó un nivel máximo, y ahora, en la pospandemia, siguen teniendo mucho éxito. Esto es porque se atendió una necesidad urgente relacionada con el tema de seguridad y protección de los consumidores, pero, además, se descubrieron nuevos nichos de mercado. Hoy, muchos sectores de la población prefieren que se les lleve a la comodidad de su hogar o trabajo la comida lista para consumir, a moverse hasta algún local.

Otros consumidores prefieren comprar todo por internet, incluyendo la ropa, las medicinas y hasta la comida de supermercado.

Entonces, muchos emprendedores que se han adaptado con rapidez a los cambios, ofrecen servicios para esos consumidores; es decir, para quienes todo lo resuelven por la vía *online*.

HAY QUE PONERSE EN LOS ZAPATOS DEL CONSUMIDOR

Como emprendedor, debes tener una mentalidad amplia y dejar de aferrarte a aquello que, aunque alguna vez te haya dado éxito, quizá ahora ya no te sirva de mucho. Tienes que estar dispuesto a cambiar y mirar más allá.

En esta idea de adaptación y flexibilidad, tienes que aprender, también, a utilizar mucho la empatía, pues te toca ponerte en los zapatos del consumidor y atender a sus gustos y necesidades. No se trata de lo que a ti te parece bueno o no, se trata de lo que el cliente prefiere.

Nuestro éxito como emprendedores depende de la aceptación que tienen nuestros clientes de nuestros servicios o productos, y esa es una realidad fundamental. Así que, cuando nos adaptamos y somos flexibles a los cambios del entorno, sin duda tendremos mejores resultados.

Te cuento una anécdota: en mi negocio tradicional de trámites aduaneros y servicios en el área de comercio exterior, durante la pandemia, nuestra labor se catalogó como imprescindible. Sin embargo, mucho de nuestro personal administrativo tuvo que aprender a gestionar su labor en equipo a través de sistemas de conexión remota.

Mientras unos pocos permanecieron en físico, en ciertas áreas operativas de carga, descarga y tráfico de mercancía, la gran mayoría trabajó desde el computador, en sus casas.

En nuestra fase de adaptación tuvimos que elaborar y ejecutar rápidamente un plan de contingencia, de manera de resolver las necesidades de nuestros clientes, así como también responder a nuestras propias necesidades de protección y seguridad como empresa. Así, nos adaptamos a nuevos procesos, implementados la mayoría a través de la internet y con el uso de las nuevas tecnologías.

Fue como sacamos adelante, en el tiempo justo y bajo la forma más adecuada, nuestras operaciones y pudimos cumplir con los embarques y nuestra labor de comercio exterior.

Ahora que estamos en la pospandemia, adoptamos el modo híbrido. Fijamos la ejecución de cronogramas y procesos de gestión de manera presencial y por conexión remota, de acuerdo a los requerimientos operativos de la empresa.

LAS MUJERES SON MÁS HÁBILES PARA EL PROCESO DE CAMBIO

Las mujeres emprendedoras llevan una gran ventaja con relación a los emprendedores masculinos, pues es conocido por todos que poseen un mayor dominio o desarrollo de su inteligencia emocional.

Todo proceso de cambio o transformación lleva implícito una serie de etapas, que pueden pasar de forma rápida o casi imperceptible, pero que pueden definirse de la siguiente forma:

- **La negación.** Se percibe peligro. Aparece la sensación o idea de no poder afrontar lo que está sucediendo. Temor a asumir nuevas tareas o actividades poco o nunca antes desarrolladas. En esta primera etapa se puede experimentar mucha ansiedad por el miedo a lo desconocido.

- **La defensa.** También puede catalogarse como resistencia o rechazo al inminente cambio. Se descubre que hay un profundo apego a los viejos procesos y creencias. Se detecta un aferramiento a la forma de hacer las cosas.

- **La aceptación.** Es cuando empiezas a tener apertura con relación a la nueva propuesta. Pones en la balanza las ventajas y desventajas y comienzas a descubrir que existen nuevas posibilidades y oportunidades diferentes de avance.

- **La adaptación.** Finalmente, luego de evaluar el nuevo escenario y las oportunidades, asumes los cambios y los nuevos retos que se están presentando a través de la exploración y uso de nuevas estrategias, manteniendo el enfoque en el objetivo propuesto desde el inicio.

CON MENTE ABIERTA A LOS APRENDIZAJES

Evidentemente, la gestión de adaptación y flexibilidad implica la adquisición de nuevos conocimientos y habilidades. Por ejemplo, en pandemia, más del 50 % de la población mundial tuvo acceso al internet debido a la necesidad de mantenerse comunicados y acceder a ciertos servicios, como la compra de alimentos y medicinas.

Millones de personas de todas las edades aprendieron a utilizar un computador o un teléfono móvil para poder conectarse. El miedo o rechazo al uso de los medios digitales se desvaneció para millares. Muchos quedaron tan enganchados, que ahora no conciben su vida sin una conexión a internet.

Ahora es parte de la cotidianidad hacer reuniones virtuales para conversar sobre cualquier cantidad de temas. Los sistemas educativos también se aprovechan del formato híbrido; incluso muchas de las capacitaciones se llevan adelante, en su totalidad, por internet. De hecho, muchos emprendedores le están «sacando el jugo» al nicho de mercado de la formación en línea. Hay cursos, talleres, charlas y conferencias sobre cualquier cantidad de temas.

Tú también puedes «montarte en esa ola» y crear tus propios cursos. Al mismo tiempo, aprovecha para capacitarte con la gran variedad de formaciones para emprendedores que hay en la internet.

Yo me monté en esa ola. Lo estoy disfrutando mucho y, además, estoy generando importantes ingresos gracias a eso. Como emprendedores, tenemos que estar siempre actualizados en los temas vinculados con el mercado en el que se mueve nuestro emprendimiento. Aprendamos a realizar varias tareas al mismo tiempo y a hacer uso adecuado de los sistemas y medios digitales para ello.

EL MUNDO COMO LA NACIÓN DE TODOS

El uso de la tecnología y los medios digitales no es lo único que está representando un cambio volátil y constante en el planeta. Ni la crisis por pandemia, ni la aparición de nuevos virus.

Hay valores que, gracias a la globalización, se están haciendo indispensables a la hora de desarrollar cualquier emprendimiento:

- La inclusión
- La tolerancia
- La diversidad étnica cultural

Todos ellos apuntan a nuestra habilidad de ser flexibles y adaptarnos a los requerimientos de otros. En cierta ocasión, le escuché decir a un conferencista psicólogo lo siguiente: «El mundo es la nación de todos». Entonces, nuestros servicios y productos tienen que contemplar la solución a las necesidades de un público diverso en género, raza, credo, religión o preferencia política.

Por otro lado, está claro que cuando emprendemos un negocio, el público objetivo debe estar bien definido en correspondencia con nuestra propuesta de venta. Sin embargo, hemos de tener mucho cuidado en nuestro discurso y promoción; y, mejor aún, manejar un lenguaje inclusivo y una imagen tolerante y abierta a la diversidad cultural. Estos últimos valores están causando tanto revuelo, que las organizaciones e instituciones sociales, a nivel mundial, los toman como elementos preponderantes para el apoyo financiero a emprendimientos sociales.

Otro dato que te puede resultar interesante, es que la ONU Mujeres, en 2024, publicó un estudio de actitudes de igualdad de género titulado *Las palancas para el cambio*, que actualiza los hallazgos de un estudio anterior, titulado *¿Está listo para el cambio? Actitudes de igualdad de género 2019*.

Este estudio tiene como objetivo principal la medición de las actitudes discriminatorias y de estereotipos basados en el género que fomentan la prevalencia de la desigualdad de género y lo arraigadas que están estas creencias y patrones.

Te comento que este estudio va dirigido a informar a los responsables de las políticas, al mundo académico-educativo, a empresarios, a líderes del sector privado, a los anunciantes y especialistas en *marketing*, a la sociedad civil y a todo tipo de responsables en la toma de decisiones acerca de la prevalencia de actitudes y normas discriminatorias que perpetúan la desigualdad de género.

El documento también proporciona ideas sobre cómo aprovechar el cambio de actitud como una estrategia crucial para la implementación efectiva de la Agenda 2030 para el Desarrollo Sostenible, en específico, el quinto objetivo de desarrollo sostenible: lograr la igualdad de género y el empoderamiento de las mujeres.

VER MÁS ALLÁ DE LO APARENTE

Siempre he escuchado de las habilidades que tienen las mujeres para el *multitasking*, es decir, para desarrollar varias tareas pequeñas al mismo tiempo, aunque la eficacia de eso está en discusión por expertos del *mindfulness* y de algunas corrientes que promueven ciertos tipos de meditación.

Sin embargo, lo que quiero resaltar aquí es que las mujeres tienen grandes y valiosas habilidades para realizar una actividad física y una actividad intelectual al mismo tiempo. Por ejemplo, hablar por teléfono de algún tema importante mientras archivan u organizan su escritorio o, tal vez, mientras cocinan. Es verdad que muchos de los hombres podemos hacer esto, pero por muy pocos minutos... o ¡finalmente se nos quema algo en la estufa!

Otra cualidad maravillosa y útil en la gestión del cambio es que las mujeres son muy intuitivas, así que, cuando se empoderan y se enfocan en un objetivo, van por él con determinación.

Debido a que poseen mayor cantidad de conexiones neuronales entre los hemisferios izquierdo y derecho del cerebro, las mujeres son más emotivas y todas sus experiencias de vida están conectadas con su parte afectiva. Son más sociables y comunicativas, por lo que expresan con mayor facilidad sus opiniones y sentimientos.

No pretendo caer aquí en estereotipos o guerra de roles, pues tanto mujeres como hombres somos, en conclusión, seres humanos en igualdad de condiciones. Sin embargo, quiero destacar rasgos predominantemente femeninos que contribuyen a un mejor manejo en los procesos de cambio y transformación.

Las mujeres suelen ser más empáticas, y esta cualidad les permite adaptarse con mayor rapidez a los cambios y ser punta de lanza para el desarrollo de los mismos.

La empatía se relaciona directamente con la flexibilidad, pues no solo es ponerse en el lugar de otros, sino aprender a valorar otras perspectivas diferentes a la propia, que al final permiten tener una visión más amplia del conjunto de situaciones del entorno. Gracias a esto, se pueden tomar mejores decisiones en medio de un contexto cambiante.

UNA MENTALIDAD FLEXIBLE CONDUCE AL ÉXITO

Ya he hablado en otro capítulo sobre la importancia de una buena actitud a la hora de emprender. Ahora te reafirmo que definitivamente necesitas una actitud positiva para adaptarte de mejor forma a los cambios.

La actitud positiva proviene de una mente flexible, que no se limita a encajonarse en la rigidez de estructuras ya conocidas, sino que explora nuevas posibilidades, nuevas formas de hacer las cosas, manteniendo el enfoque en el objetivo que se pretende alcanzar.

Durante la pandemia, muchos nos pusimos las manos en la cabeza, muchos otros tuvieron ataques al corazón y otros tantos cayeron derrotados ante la crisis. Sin embargo, la mentalidad flexible y abierta al cambio de varios de nosotros nos impulsó a no quedarnos allí, sino, por el contrario, a buscar nuevas formas de hacer las cosas a pesar de las adversidades.

Una mente flexible que se adapta a los cambios es como un faro en la oscuridad. Sabe que siempre habrá retos que superar, pero no se queda en la rigidez del pesar o el lamento, creyendo que no puede avanzar más.

Además de una buena actitud, una mentalidad flexible hace uso oportuno de la escucha activa y la capacidad para resolver conflictos.

Con la escucha activa se presta atención a lo que dicen nuestros colaboradores, así como a lo que dicen otros líderes emprendedores, empresarios y el entorno en general. Nos ayuda a tomar mayor conciencia de lo que realmente quiere la gente.

En cuanto a la capacidad para resolver conflictos, esta es vital, pues como emprendedores tenemos que aprender a dar respuestas rápidas y efectivas a los problemas que se nos presenten en nuestra gestión. Brindar soluciones innovadoras nos permite diferenciarnos de los competidores y satisfacer los requerimientos cada vez más exigentes de nuestros consumidores.

SEGUIR LA RUTA DE LAS TENDENCIAS

Seguro recuerdas una famosa frase del padre de la teoría de la evolución, el naturalista británico Charles Darwin. Dijo: «No es la más fuerte de las especies la que sobrevive, tampoco la más inteligente. Es aquella que mejor se adapta a los cambios», lo que es igual de decir «O te adaptas o mueres».

Adaptarse al cambio tiene que ser una forma de expresión natural para todos nosotros. Hace más de 200 años, si alguien hubiese visto a una mujer hablando con un pequeño aparato móvil (un celular), de seguro la llevaban a la hoguera por creer que era una bruja hablando con espíritus. Hoy en día, hablar por un celular es tan normal como beber agua.

Y aunque millares de personas murieron en la hoguera debido a que otros creían que eran una amenaza porque pensaban o actuaban de forma diferente, los cambios jamás dejaron de darse. El avance continuo es tan natural como los movimientos de la Tierra.

Los efectos de la pandemia y el aislamiento a nivel global dio muestras de lo mucho que se puede hacer para trabajar en varios temas como:
- El cambio climático
- La ecología
- La responsabilidad social y la acción comunitaria
- El desarrollo sostenible
- La salud mental y física
- El bienestar emocional y la espiritualidad

Si ya tienes un negocio digital o tienda física, es importante que también tomes en consideración los anteriores temas como claves de tus motivadores de gestión. Obviamente, no me refiero a que los cubras todos, pero sí a que incluyas uno, dos o más de ellos en tu propuesta de valor.

Existen estudios que señalan que los consumidores de ahora se inclinan más a adquirir productos y servicios de aquellos negocios que aportan y promueven, en su gestión, soluciones a alguno de los temas que te mencioné arriba.

Hay un sinnúmero de temas que están en tendencia y que no puedes dejar de considerar si deseas tener éxito como emprendedor. Quiero citarte otros ejemplos, como los nuevos modelos de trabajo o negocios (te dejo el enlace de mi libro anterior, que habla de seis modelos que yo desarrollo de los muchos que hay: https://amzn.to/35jdRgL).

En esto, tiene un papel preponderante el desarrollo de la tecnología y los medios digitales de información y comunicación.

En la adaptación a los cambios, los dueños de empresas, negocios y emprendedores se ven obligados a la aplicación activa, determinante y constante de dos conceptos bastante interesantes, a saber:

- *UpSkilling*: capacitación del emprendedor o colaborador en habilidades y nuevas competencias que optimicen el desempeño de acuerdo a los requerimientos actuales del negocio y del mercado.

- *ReSkilling*: recapacitación o reciclaje profesional. Es decir, capacitar a los colaboradores y a nosotros mismos para asumir nuevos cargos y funciones dentro del negocio que signifiquen una mayor optimización de los recursos y manejo de gestión del negocio.

En mi experiencia personal como emprendedor, he tenido que reinventarme muchas veces para poder adaptarme a los cambios. Hace veinte años, jamás me hubiera imaginado que, por ejemplo, me convertiría en un conferencista en temas de desarrollo personal basado en mi experiencia y labor profesional.

Otro ejemplo de adaptación y aprendizaje de nuevas habilidades es cuando me metí en el negocio del multinivel. Jamás había creído en eso, hasta que ingresé con la idea de explorar nuevas posibilidades, lo cual, al final, me reportó mucho éxito e importantes ingresos. Sin embargo, el camino, al principio, no fue fácil; tuve que dedicarle mucho tiempo y esfuerzo, además de capacitarme.

De gerente de una empresa aduanera a emprendedor en el sector del multinivel, tuve que aprender a manejar nuevos procesos, adentrarme en la comprensión del servicio que estábamos ofreciendo y desarrollar más y mejor mi empatía, así como el uso de otras habilidades blandas.

Así, la adaptación y la flexibilidad son factores determinantes. Es algo que se vive en el día a día para responder, a su vez, a los constantes movimientos del mercado mundial, nacional y local.

LA INNOVACIÓN ES PIEZA CLAVE DEL CAMBIO

Cuando hablamos de adaptación y flexibilidad, es necesario también hablar de innovación. Esta hace posible la optimización de procesos y la consecución de éxitos. Creo que ya lo he mencionado en mis libros anteriores, pero me encanta decir que soy un amante de la tecnología y sus avances.

Siempre que puedo, adquiero nuevos equipos y actualizo el *software* de muchos de mis sistemas, porque esto me permite estar al día y, además, proporcionar una mejor experiencia de uso operativo tanto a mis colaboradores como a mis clientes.

Es posible que, como nuevo emprendedor, no dispongas de mucho capital para invertir en equipos ni en *software* de avanzada tecnología. Sin embargo, debes contar con algunos equipos mínimos de operatividad y, sobre todo, aprovechar al máximo la aplicación óptima de esos recursos en sistemas de automatización. Eso ahorra mucho tiempo y dinero. Lo digo por experiencia.

Puede que, para iniciar tu negocio, tengas que trabajar con el montaje detallado de una tabla de Excel para manejar tus procesos. También hay muchos sistemas de CRM *(customer relationship management)* gratuitos o de bajo costo que pueden ayudarte considerablemente.

Los sistemas de automatización de datos y procesos nos facilitan la vida. Ya no es necesario demorarse para acceder a una información determinada, pues solo con un par de clics la tienes a disposición para ti, para tus colaboradores y para tus clientes.

Solo el que innova sobrevive en un mundo comercial de constantes cambios. Innovar es adaptarte y al mismo tiempo sobresalir de lo que hace el resto, respondiendo en todo momento a las exigencias de los consumidores, que cada día se vuelven, también, más precisas y demandantes.

Al final de este capítulo te compartiré algunos enlaces útiles para que puedas adquirir, con tarifas de promoción, *software* y otros servicios digitales que sean de tu interés .

Siguiendo con el tema de la innovación, en la internet tienes cientos de páginas y artículos de interés que te pueden ayudar a darte una idea de cómo montar un negocio innovador, o, si ya tienes un emprendimiento, incluir nuevas propuestas de valor en tu modelo de gestión.

La web themonopolitan.com publicó, en 2024, un artículo referente a emprendimientos rentables e innovadores para 2025. Yo quiero mencionarte diez de ellos, que me parecen muy interesantes:

1. Una red de máquinas expendedoras para veganos
2. Un servicio de envases retornables para restaurantes
3. Entrega de pedidos a domicilio por robots
4. Renta de juguetes infantiles
5. Suscripción de pañales ecológicos
6. Una tienda de objetos para rentar
7. Un servicio de urinarios portátiles femeninos
8. Una lavandería con cafetería
9. Una lavandería 24/7 para estudiantes universitarios
10. Un supermercado ambulante

Otras opciones innovadoras pueden ser:

- Una *boutique* de maquillaje y artículos de belleza para hombres
- Mentorías especializadas en el manejo del estrés y la ansiedad para mujeres embarazadas o personas de la tercera edad
- Creación de aplicaciones móviles prácticas para tareas frecuentes
- Desarrollo de sistemas de ciberseguridad

Las opciones son innumerables. Solo quiero darte una idea de todo lo que tienes a disposición para poner en marcha tu emprendimiento tomando en consideración tu poder de adaptación y mentalidad flexible.

CAPÍTULO 12
EMPRENDER EN LO QUE TE APASIONA

Recuerdo cuando descubrí
que hablar en público
y ayudar a otros a crecer
no solo era algo que disfrutaba,
sino que también podía ser
la base de un negocio.
Alinear mi trabajo con mi pasión
no solo transformó mi vida,
sino también la de otras personas.

¡EMPRENDE EN LO QUE TE APASIONA!

En ocasiones, cuando queremos iniciar algo (como poner en marcha una idea, algún proyecto o algún trabajo), cuestionamos si eso realmente nos apasiona o no. Muchas veces, nos toca iniciar con algo provisional, porque es lo que está al alcance o porque quizá tenemos sentido de urgencia para generar ingresos y, además, queremos sentirnos útiles.

Sin embargo, cuando ya estás en el camino del emprendimiento, lo primero a tener claro es que hay que desarrollarlo a partir de aquello que nos apasiona hacer.

LA PRÁCTICA HACE AL MAESTRO

O, lo que es igual, el estudio y la experiencia hacen al experto.

Quiero citar aquí un método que me parece interesante: la teoría de las diez mil horas, del autor Malcolm Gladwell. Este periodista canadiense señala que hay que invertir al menos diez mil horas de estudio o práctica en aquello que es nuestra pasión (o aquello que queremos desarrollar como profesión o disciplina) para volvernos unos expertos y, en consecuencia, tener un rotundo éxito.

Hay que señalar que esta cantidad de horas se dice fácil, pero estamos hablando de casi siete años si dedicas un promedio de cuatro horas diarias. La verdad, son muy pocos los que hacen eso.

Sin embargo, de acuerdo a la investigación de Gladwell, ha sido justo esta entrega la que ha llevado a la cúspide del éxito a un grupo de deportistas de élite, consagrados músicos, artistas y profesionales de todo tipo que han sido considerados sabios y hasta superdotados en las áreas en las cuales se han desarrollado.

Siendo honestos, creo que muchos de ellos han dedicado y dedican más de cuatro horas al día a trabajar y desarrollarse en eso que tanto los apasiona. Solo hay que mirar algunos ejemplos como Steven Spielberg o James Cameron, Meryl Streep o Jodie Foster, Mark Zuckerberg, Jeff Bezos o Jack Ma; Leonel Messi o Cristiano Ronaldo; John Maxwell o Tony Robbins, entre muchos otros.

Ellos han hecho gala de sus talentos, pero la verdad es que, si no los impulsara su pasión por hacer lo que hacen, no le dedicarían tanto tiempo ni fuesen unos genios expertos en ello. Me gusta una frase que reza «Una gota de agua rompe una piedra no por su fuerza, sino por su constancia». Y es la pasión la que nos impulsa a ser constantes.

Puede que en principio no tengas mucho talento, pero si realmente te gusta eso que haces, tu pasión, paciencia, dedicación, disciplina y esfuerzo te llevarán inevitablemente al éxito. Estoy seguro de que las personas que te mencioné son grandes apasionadas de lo que hacen, y eso fue, justamente, lo que las empujó a convertirse en expertas.

Quiero acotar, sin embargo, que el talento es importante. Considero que difícilmente podrías ser un apasionado de aquello que no se te da bien. Supongamos que sentiste gusto por la música y decidiste que querías ser director de orquesta, pero resulta que apenas puedes distinguir el sonido de una trompeta del de un trombón o del de una tuba. Es decir, no tienes eso que llaman «oído musical». Por mucho que te dediques a cultivarlo, será algo difícil si no tienes el talento para ello. Yo insisto que sería mejor que evalúes si esa es realmente tu pasión o un simple gusto por la música y la admiración por lo que hace un director de orquesta.

LA PASIÓN TIENE UN PRECIO

Ahora bien, si quieres hacer el cambio, es importante dejar el pasado atrás y solo sacar allí lo que se pueda aprovechar y/o modificar. Es momento de practicar la autoobservación. Es momento de concentrarte en ti.

En esta parte, quiero proponerte que respondas con toda honestidad a las siguientes preguntas:

1. ¿En qué eres bueno?
2. ¿Qué amas hacer?
3. ¿Qué haces que el mundo necesita?
4. ¿Qué harías sin que te paguen?

Las cuatro primeras preguntas son tomadas de la metodología japonesa del IKIGAI, relacionado con descubrir y aplicar las razones que te impulsan en la vida, en las que se ponen de manifiesto tu pasión, misión, profesión/ocupación y vocación.

También sugiero que respondas a lo siguiente:
- ¿Qué es lo que más me frustra de mi vida actual?
- ¿Cómo es mi reacción cuando algo me disgusta?
- ¿A qué me dedicaría si tuviera el dinero más que suficiente para vivir?
- ¿Qué es lo que más me elogian los demás de todo lo que hago?
- ¿Qué es lo que más suelo hacer en mis ratos libres o de ocio?

¿Recuerdas esas épocas cuando íbamos a las ferias y había juegos de competición y de medición en los que pegábamos con un mazo para que el indicador subiera lo más arriba posible? ¡Era un gran logro si alcanzábamos a tocar la campana de victoria!

Imagina que uno de esos juegos sirve para medir tu pasión hoy en día. En la escala del 1 al 10, ¿en qué número crees que estaría tu pasión? Si está por encima de 8, vas por buen camino, pero si tu pasión está por debajo de eso, debes buscar alternativas o probar otras cosas que te revelen cuál es realmente tu pasión, que no se trata simplemente de un *hobbie*.

Muchas personas confunden un deseo o pasatiempo con la pasión por alcanzar un sueño. Cuando tienes pasión, puede que tengas que realizar tareas poco agradables o que ameriten mucho tiempo. Entonces, tendrás que renunciar, en esos momentos, a salir con los amigos o con la familia, a pasear o a ver películas.

Te pongo un ejemplo. Imagina que te gusta la astronomía. Tal vez, en tu infancia llegaste a pensar en ser astronauta, y puede que te encante coleccionar cohetes de juguete, pero tu pasión no fue suficientemente fuerte como para que te convirtieras en astronauta y realizaras un par de viajes al espacio.

O puede ser que te apasionara cantar, pero cuando te dijeron que no tenías talento para eso, dejaste atrás el canto. ¿Te das cuenta de que realmente no te apasionaba tanto como decías, pues pusiste en primer lugar las opiniones de los demás y no la pasión que decías sentir por el canto?

Cuando te apasionas por cumplir tu sueño, no te importa pagar con dedicación, esfuerzo, tiempo y hasta dinero. No te importa pagar el precio para alcanzar ese sueño. Pocos lo logran. La mayoría se retira antes de tiempo porque se dan cuenta de que su pasión no es suficiente, ni mucho menos estaban dispuestos a hacer el trabajo o pagar el precio.

Algunos, cuando empiezan a ver que hay mucho trabajo y hay un costo de por medio para alcanzar todo eso, pierden el entusiasmo y dejan que se desvanezca ese sueño. Realmente no era un sueño para el cual estaban listos. Cumplir los sueños requiere acción, requiere ingredientes como la pasión. Es lo que se necesita para iniciar un proyecto, abrir un negocio o emprendimiento.

Recuerdo que —esta anécdota también la cuento en mi libro *El éxito es para todos*—, cuando terminé la universidad, estaba seguro de que no quería vender mi tiempo por un salario. Sabía que no sería fácil y no tenía ni idea de cómo lo iba a hacer. Sin embargo, tenía claridad sobre lo que no quería y, sobre todo, mucha pasión para emprender, así como ganas de cumplir mi sueño de ser independiente y un exitoso empresario.

Ha sido esa gran pasión la que me llenó de mucha fortaleza para emprender y mantenerme, salir adelante, a pesar de las dificultades. Mis circunstancias en aquel entonces quizá no requerían de hacer dinero con urgencia, porque en ese tiempo contaba con el apoyo económico de mis padres; sin embargo, mi pasión y claridad en el propósito de hacer algo por mí, como emprendedor, fue lo que me impulsó a trabajar en mi proyecto de vida.

Fue así como inicié. A medida que fui experimentando el placer de hacer las cosas, el placer de ir escalando e ir

creciendo con mi negocio, el placer de ayudar y de servir...
A medida que fui experimentando eso, aumentó en mí la
pasión por mi rol de emprendedor.

EL FRACASO ES UN PASO MÁS

No conozco a ningún apasionado exitoso que no haya fracasado en varias oportunidades. Son las caídas, las equivocaciones, las que te enseñan qué es lo que funciona y
qué no.

Tu pasión es la gasolina que te impulsará a levantarte
en esas caídas y en esos momentos de adversidad, cuando
puedes sentirte profundamente cansado o derrotado. Aun
así, la pasión por lo que haces hará que te levantes y que
salgas del pozo en el que probablemente caerás muchas
veces.

Como emprendedores, no estamos exentos de fracasos.
Hay casos excepcionales en los que un negocio ha alcanzado el éxito de un solo tirón, sin embargo, la pasión es la
que hace que se mantenga.

Los emprendedores digitales tienen una palabra que
me gusta mucho: ITERAR.

Iterar, iterar, que significa realizar repetidas veces una y
otra acción, como, por ejemplo, ejecutar diferentes estrategias de *marketing* hasta que finalmente des con la que te
funcione y tengas éxito con ella.

Así que enamórate de tus fracasos, porque son los que
tarde o temprano te llevarán al éxito. La pasión por lo que
haces hará posible que aceptes tus fracasos como parte del

camino a la cima, como parte del proceso de aprendizaje para alcanzar el objetivo que te hayas fijado.

No puedo decirte con exactitud por cuántos fracasos tendrás que pasar para alcanzar el éxito, pero lo que sí puedo decirte es que cada fracaso que tengas te acercará cada vez más al éxito. La pasión te ayudará a mantenerte en el ruedo, a no cesar en tu empeño.

¿QUÉ ES LO QUE TE APASIONA?

Para muchas personas, a veces no es fácil detectar cuáles son esas áreas que las apasionan. Ni identificar realmente para qué son buenas o con qué propósito están en este mundo. Conozco a muchas mujeres que se angustian al señalar que aún no saben para qué nacieron ni qué es lo que tienen que hacer en la vida.

Creo que, sin duda, la pasión es un ingrediente indispensable que todos tenemos, sin lugar a dudas. Quizás algunos no la tenemos identificada claramente, no la tenemos «a flor de piel», pero, seguro, todos podemos encontrar pasión en algo que nos guste, aunque aún no nos hayamos percatado de ella.

La pasión, sin duda, puede buscarse en un objeto, en una circunstancia, en una situación o en una historia. En algo que detone esa pasión (...por las artes visuales, por las artes gráficas, por las artes manuales, por el deporte o la música, por la jardinería, la cocina, la planificación de presupuestos o la organización de eventos).

Hay muchas áreas o aspectos donde puedes encontrar tu pasión. Lo ideal sería iniciar en ese momento cuando, a través de tu paz mental, identificas con claridad cuál es esa pasión que quieres desarrollar como emprendedor.

Yo, por ejemplo, siempre les digo a mis hijos que aprovechen esta época, cuando aún dependen económicamente de sus padres y no tienen la urgencia de generar dinero. Que aprovechen la oportunidad de usar sus talentos, su tiempo y habilidades para emprender en aquello que los apasiona.

Y si es que aún no lo tienen claro, que busquen espacios y actividades en los que pueden desarrollarse y equivocarse mientras identifican aquello que los apasione tanto como para seguir dedicándose a ello.

Eso les servirá de soporte una vez que culminen sus estudios en la universidad y salgan a hacer frente al juego de la vida. Porque no es lo mismo salir de la universidad sin experiencia ni conocimientos prácticos, que salir graduado y ya tener la experticia de un emprendedor que conoce del mercado en el cual se quiere desarrollar como profesional.

Muchos salen graduados de equis profesión y luego, cuando van al campo laboral, no tienen ni la mínima idea de cómo desarrollarse ni de cómo colocarse en un puesto de trabajo. Entonces, se encuentran con la necesidad de generar ingresos para mantenerse y entonces aceptan cualquier tipo de oferta laboral que, por lo general, no tiene nada que ver con lo que estudiaron, pero que, por necesidad, deciden aceptar. Entonces, se dicen que es provisional, que sirve para pagar sus cuentas, pero con el tiempo se aferran a eso y pierden de vista su objetivo inicial.

Esto, por lo general, es por la falta de claridad y pasión. Incluso, desde el momento en que deciden estudiar una carrera, muchos obedecen a los intereses familiares o a lo que creen que propone el sistema o la sociedad para poder «ser contratados por una gran empresa».

Sin embargo, cuando ya salen graduados, se dan cuenta de que la realidad es totalmente diferente. Surge así un escenario complicado para muchos. Si logran acceder a un empleo que «pague sus cuentas», con el tiempo comienzan a experimentar frustración, impotencia y desgano por esa labor que hacen, ya que en el fondo saben que no tiene nada que ver con su pasión.

También ocurren casos en que, luego de conseguir un empleo que «paga las cuentas», las personas comienzan a sentir que ya tienen cierta independencia, tienen la sensación de sentirse realizadas de algún modo, pues están generando su propio dinero, y así pasan las semanas, los meses y los años. Se quedan amañadas en un lugar que aparentemente les brinda cierta estabilidad económica. Incluso, les comienza a gustar el ambiente de trabajo, pero esta nada tiene que ver, ni se parece, a los sueños profesionales y de libertad que tenían al estudiar o graduarse.

Conozco a muchos así, que comenzaron un trabajo «temporal» y terminaron siendo empleados «toda la vida», porque comenzaron a adquirir deudas de hipotecas y coches, entre otras, y ya no les fue posible zafarse de esa realidad. Entonces, aprendieron a conformarse.

No me malinterpretes. Esto para algunos puede ser realmente bueno; al menos así lo creen, y no los juzgo. Sin embargo, la gran mayoría de los que conozco se arrepienten de haber dejado pasar tantos años sin haber emprendido o haberse desarrollado profesionalmente en lo que realmente los apasiona, o sin cumplir con el sueño profesional y personal que tenían de jóvenes. Lamentan ser «esclavos de un salario» y tener que depender de ello.

Su miedo a emprender ganó, se quedaron en su zona de confort para «cuidar» la estabilidad o seguridad económica que les proporciona la empresa para la cual trabajan. Lamentablemente, la mayoría de los recién graduados que inician su vida laboral lo hacen de esa forma.

NUNCA ES TARDE PARA VIVIR DE TU PASIÓN

Ahora bien, si quieres hacer el cambio, es importante dejar el pasado atrás y solo sacar de allí lo que se pueda aprovechar o modificar. Es momento de practicar la autoobservación. Es momento de concentrarte en ti.

En esta parte, quiero proponerte que respondas con toda honestidad a las siguientes preguntas:

1. ¿En qué eres bueno?
2. ¿Qué amas hacer?
3. ¿Qué haces que el mundo necesita?
4. ¿Qué harías sin que te pagaran?

Las cuatro primeras preguntas son tomadas de la metodología japonesa *ikigai*, relacionada con descubrir y aplicar las razones que te impulsan en la vida. Son para poner de manifiesto tu pasión, misión, profesión/ocupación y vocación.

También sugiero que respondas a lo siguiente:

- ¿Qué es lo que más te frustra de tu vida actual?
- ¿Cómo es tu reacción cuando algo me disgusta?
- ¿A qué te dedicarías si tuvieras el dinero más que suficiente para vivir?
- ¿Qué es lo que más elogian los demás de lo que haces?
- ¿Qué es lo que más sueles hacer en tus ratos libres o de ocio?

Nunca sabrás si ganarás mucho dinero haciendo lo que te apasiona, pero una cosa sí es segura: el primer y mejor pago que recibirás es la satisfacción de hacer lo que te apasiona. Lo demás vendrá por añadidura. Tu mayor recompensa será hacer eso que te apasiona y que te impulsa, y eso te mantendrá vivo y te animará a levantarte todas las mañanas para hacer lo que tengas que hacer.

CONÓCETE A TI MISMO

Lo primero que tienes que hacer es conocerte. Tienes que comenzar por aceptar tu realidad actual y tomar consciencia de cuáles son las creencias que te dominan, para entonces emprender la labor de cambiarlas. Aceptarte y afrontar la idea de que estás a punto de emprender un cambio radical en tu vida es un gran comienzo, para luego comenzar a explorar nuevas áreas de oportunidad en las que conectes y encuentres tu verdadera pasión.

Para mí, hoy en día, con la experiencia que tengo en el tema de negocios, creo que hay algo que casi nunca dicen muchos gurús del emprendimiento y grandes empresarios, es que HAY QUE CULTIVAR PRIMERO NUESTRO DE-SARROLLO PERSONAL para, entonces, tener todas las herramientas mentales y emocionales para emprender.

Es necesario reconocer, primero, nuestras capacidades y debilidades. Estas últimas las podemos aprovechar dándoles otra interpretación y asumiéndolas como oportunidades para cambiar o fortalecer aspectos en los cuales nos consideramos débiles.

Cuanto más te conoces y sabes cuáles son esas fortalezas, trabajas sobre ellas. Antes, te decían que trabajaras sobre tus debilidades para transformarlas; ahora, en cambio, lo más conveniente es aprovechar las fortalezas y accionar sobre ellas.

En el caso de las debilidades, puedes buscar mejorarlas o hacer alianzas o colaboraciones con esas personas que tienen fortalezas en las áreas donde tú eres débil, y que se sirvan de tus fortalezas en las áreas donde enfrentan debilidad. De esa forma, puedes construir un equipo o una sinergia de colaboradores que se complementen. Así puedes iniciar tu negocio y tener el potencial profesional asegurado.

Suelta el miedo a emprender. Sin importar si eres joven y quieres comenzar a emprender, o si ya eres adulto y tienes grandes responsabilidades, pero quieres cambiar de giro de negocio o tener un ingreso adicional, comienza a desarrollar tu vena emprendedora.

Muchos me han dicho —en mis conferencias, cursos, seminarios y talleres— que yo emprendí porque tenía el ejemplo y patrones de emprendimiento de mis padres, así como cualidades y talentos para ello. Yo difiero; creo que todos tenemos la misma capacidad, sin embargo, es necesario pasar el *switch*. Estoy seguro de que la gente siempre quiere cambiar y mejorar su calidad de vida.

No te detengas tanto en el pensamiento de ser millonario o ganar mucho dinero, lo cual no significa que sea malo. Sin embargo, te hablo desde mi ejemplo, lo que quiero alcanzar es paz financiera y tener tranquilidad; tener la capacidad de disfrutar de los placeres de la vida, como salir de viaje, comer en un buen restaurante, vivir en una buena casa. Tú también puedes darte esos placeres, te aseguro que es posible.

He percibido que la mayoría de las mujeres de mi entorno, en especial en sus círculos familiares, actúan para complacer a sus padres o seguir con el patrón mental que les inculcó su familia. Muchas veces se trata de lealtades inconscientes, que están allí y de las cuales no se dan ni cuenta. Se piensa, entonces, que complacer a otros las hace felices también. Pero, por lo general, eso suele ser muy agotador y hasta frustrante, porque anulan sus metas personales y sueños por atender los sueños y anhelos de otros.

¡Y es que solo puedes hacer feliz al mundo y ayudar a los demás si comienzas contigo!

Hay varias palabras que verás muy repetitivas en este libro, como «cambio», «mentalidad» y «creencias». Definitivamente te voy a insistir en ellas porque es desde esa disposición que podrás hacer posible tu transformación como un emprendedor o emprendedora exitosa, que genera maravillosos ingresos haciendo lo que le apasiona.

Muchos murieron en pandemia o cayeron en fuertes ataques de pánico, depresión y ansiedad, porque se dieron cuenta de que, hasta ese momento, su vida no había tenido ningún sentido para ellos. Se dieron cuenta de que su vida profesional y personal estaba anclada a un patrón de automatismos para subsistir.

Afortunadamente, muchos también descubrieron lo que era realmente importante para ellos e identificaron, entonces, que era un momento crucial para hacer cambios. A partir de allí, comenzaron a dedicarse a hacer lo que los apasiona en lugar de seguir aferrándose a la idea de complacer a los demás. Conozco muchísimos casos. Tengo una pareja de amigos que vive en Chile; él es chef profesional y ella es especialista en administración de alimentos y bebidas. En plena pandemia, idearon una forma de elaborar comida y empacarla al vacío siguiendo rigurosos protocolos de sanidad y seguridad, para luego venderla a domicilio.

El negocio se hizo tan exitoso que tuvieron que adquirir un transporte más grande y contratar mayor número de personal para poder cumplir con los pedidos. A ellos les apasiona la cocina, así que hicieron un emprendimiento exitoso atendiendo, a su vez, la necesidad de la comunidad en ese momento. Desde entonces, no han parado.

Otra gran amiga, que asistió a uno de mis talleres, quedó muy impactada con la información que le di. Luego de eso, perdió a su esposo. A pesar de su duelo —y porque, además, su marido era el principal proveedor de su hogar—, al poco tiempo decidió crear su propio emprendimiento de servicios profesionales. Y lo ha hecho con tal dedicación y enfoque que ha tenido gran éxito y ahora es una empresaria en expansión. Es decir, no se quedó apegada a su dolor, sino que sacó lo mejor de ella para salir adelante.

Por eso es importante que aprendas a conocerte, a aceptarte y a hacer aquello que más disfrutes hacer, de manera que sientas orgullo de ti al hacerlo.

Tomar la decisión de emprender requiere de que acciones, y que lo hagas desde el autoconocimiento, atreviéndote a experimentar, a ejecutar estrategias para sacar adelante un proyecto que te guste hacer. Puede que te equivoques muchas veces, que veas que quizá eso no va con lo que realmente te apasiona, pero es un paso más que va definiendo quién eres realmente y cómo quieres proyectarte haciendo lo que te apasiona.

Vivir de lo que te apasiona, al principio, puede ser un proceso poco fácil, y no estará exento de equivocaciones. Puede ser bastante desafiante. No siempre estarás de buen humor, experimentarás crisis de creatividad y puede que sientas mucho cansancio en ocasiones. Pero gracias al autoconocimiento y al placer de hacer aquello que te apasiona, valdrá el esfuerzo, porque sabes que tu éxito depende de ti y de nadie más. Y que, al final, estás o estarás donde quieres, porque así lo has decidido.

IDENTIFICA TUS HABILIDADES

Hay dos tipos de habilidades: las duras y las blandas.

Las habilidades duras o *hard skills* son aquellas destrezas específicas que te permiten llevar a cabo una actividad o tarea, como, por ejemplo, conocer un idioma, manejar aplicaciones y *software*, tocar el piano o el violín, gestionar y ejecutar presupuestos, surfear, entre muchas otras. Son esas habilidades aprendidas y certificadas a través del estudio y la experiencia.

Las habilidades blandas o *soft skills* son las que permiten un manejo asertivo de las relacionarse con otras personas y contigo mismo. Tienen que ver con la forma de comunicarse, con la inteligencia emocional y el desarrollo personal. Son, por ejemplo, la capacidad de trabajar en equipo, la habilidad de resolver problemas de forma rápida y eficaz, la predisposición a liderar grupos, la empatía, la toma de decisiones, la práctica de la escucha activa y la comunicación efectiva, entre otras. Al igual que las habilidades duras, también pueden aprenderse y cultivarse, en especial cuando notamos deficiencias.

Probablemente te volveré a hablar de este tipo de habilidades en otros capítulos, pero me detengo aquí para decirte que, hoy día, el cultivo de las habilidades blandas es esencial para cualquier emprendedor, porque el diagnóstico que hagas de ellas aportará información importante en tu autoconocimiento. Además, son el marco para que tu pasión busque desarrollarse mejor y ampliar también el conocimiento y manejo de las habilidades duras que se requieran.

Si eres joven y todavía estás estudiando, date la oportunidad de desarrollar más y mejor tus habilidades. Date el permiso de experimentar y de buscar emprender tu propio negocio. Hoy en día, hay infinitas oportunidades de emprender gracias a los canales digitales. Hay muchas formas de crecer y de aprender a hacer un negocio de lo que te guste.

Busca y aprende de forma disciplinada a cómo convertirte en un emprendedor exitoso, hasta que descubras tu pasión. Te aseguro que lo intentarás hasta que encuentres algo que de verdad sea eso que te haga sentir pleno y feliz haciéndolo.

Si eres una persona que se encuentra en una situación de urgencia, en la cual requieres generar un ingreso adicional, comprendo que no es fácil, pero tampoco es imposible. Va a requerir que desarrolles rápidamente una serie de habilidades y que, además, inviertas mucho tiempo en ello.

Si estás en esa situación, lo primero que tienes que hacer es cambiar las creencias limitantes, trabajar el autoconocimiento para quitar los posibles bloqueos que tengas con relación a la libertad financiera y el emprendimiento. Te garantizo que muchas veces son las creencias limitantes que tenemos las que nos impiden lograr el éxito y todo aquello que queremos. De nada sirve que te empeñes en crear, estudiar, intentar abrir o desarrollar tu propio negocio, si no cambias las creencias que te limitan. Y puede que llegues, en algún momento, pero te aseguro que te tardarás más y sufrirás bastante, pues tu mente no estará completamente alineada con tu emprendimiento.

Al final del capítulo te voy a compartir el *link* con un test de fortalezas para que te apoyes también en él.

CONECTA CON LOS ALIADOS CORRECTOS

Si ya tienes clara cuál es tu pasión, entonces, seguro eres de las personas que, como yo, se rodean de profesionales igual de apasionados.

Cuando comparas un colaborador que es profesionista y bueno en lo que hace versus una persona que tiene pasión y talento por lo que hace, hay una gran diferencia entre ambos. Por ejemplo, el que es bueno en lo que hace, es profesional en eso pero no tiene una intención clara en ello, ni tiene pasión por eso, entonces va a hacer las cosas porque de eso vive, porque es su tarea o porque es parte de su trabajo.

Caso contrario, el que hace las cosas con pasión y con empeño. A esa persona no le importa si tiene que llegar temprano o tiene que llegar tarde, o si tiene que dar más de lo que le pides, porque lo mueve la pasión.

Por otro lado, quiero destacar que muchas personas empiezan a hacer lo que les gusta aunque no les paguen, y después, cuando ya les pagan, son tan buenos en ello, que dejan de ser intencionales y apasionados. Es allí donde hay que tener mucho cuidado para no caer en eso. Hay que seguir alimentando la pasión y el esmero.

Volviendo al tema de los aliados, recuerda que también tienes a disposición mucha información gratuita, a la que puedes acceder y consumir con gran dedicación. Sácale el máximo provecho con el objeto de avanzar, de hacer, de crear e innovar.

Sin embargo, en la medida que puedas, en la que vayas generando ingresos, haz un presupuesto que incluya la inversión en programas de capacitación, *software* y herramientas pagas para mejorar tu nivel de preparación personal y profesional. Esa, sin duda, es la mejor inversión, pues es algo que se queda en ti toda la vida.

También busca mentores que te ayuden a ver con mayor claridad eso que te apasiona o en lo que eres muy bueno (y que quizás aún no te hayas dado cuenta). Los mentores ayudamos a sacar la mejor versión de una persona basándonos en nuestras experiencias y conocimientos.

Ya sabes que estoy para servirte. Por eso he dedicado un capítulo aparte a ese tema, para que profundicemos mejor en ello. Ha sido gracias a mis mentores que he podido avanzar más y mejor en mi carrera como emprendedor y empresario.

Los logros materiales son importantes, sin embargo, nadie está exento de perderlos. Yo tengo experiencias poco gratas en temas financieros: he tenido mis altas y bajas, he estado a punto de la bancarrota. Son experiencias que han aportado mucho a mi crecimiento, fracasos que me han llevado al éxito y a ser quien soy.

Conócete primero y después toma decisiones. Descubre tu pasión y encuentra ese emprendimiento que te llevará al éxito.

A ti, emprendedor o emprendedora, soñador que estás leyendo y terminando este libro:

Felicidades por haber llegado hasta aquí. Este no es el final de un libro, sino el comienzo de algo mucho más grande. Es el momento en que decides tomar el control de tus sueños y darles vida. No importa quién seas, cuál sea tu historia o cuántos retos hayas enfrentado; lo importante es que estás aquí, que diste el primer paso, y eso habla de tu determinación y compromiso.

Has invertido tiempo en aprender, reflexionar y prepararte para lo que viene. Ahora, el único puente que queda por cruzar es la acción. Sé que las excusas pueden surgir: «No tengo tiempo», «No tengo experiencia», «No tengo los recursos». Pero déjame decirte algo: esas excusas no tienen el poder de definir quién eres ni de limitar lo que puedes alcanzar. Estás aquí porque tienes algo invaluable: el deseo de avanzar, la chispa de transformar tu vida y el coraje de perseguir tus sueños.

*

El camino del emprendimiento no es fácil, pero es profundamente gratificante. No importa si tu sueño parece pequeño o imposible, lo que importa es que tengas el valor de perseguirlo con todo tu corazón. En este camino, no necesitas ser perfecto; solo necesitas ser constante. La clave no está en no caer, sino en levantarte cada vez con más fuerza y más sabiduría.

*

El éxito no es un evento repentino, es una acumulación de pequeños pasos, uno tras otro. No esperes a sentirte listo porque, honestamente, nadie lo está al principio. Empieza hoy, aunque sea con el paso más pequeño. El momento perfecto no existe, pero este momento, ahora, es todo lo que necesitas. Cree en ti porque tienes dentro las herramientas y la capacidad para construir algo extraordinario.

*

Transfórmate desde adentro. Quiero que recuerdes algo esencial: el cambio verdadero comienza en tu interior. Si deseas transformar tu vida, tu negocio o tus metas, primero debes transformar tu manera de pensar.

*

Las creencias que tienes sobre ti, sobre lo que es posible y sobre el mundo son las que determinarán tu futuro. Cultiva una mentalidad de crecimiento, una actitud de aprendizaje constante y, sobre todo, una fe inquebrantable en tu capacidad de alcanzar lo que sueñas.

Habrá días en los que las dudas te asalten, en los que te preguntes si el esfuerzo vale la pena o si el sacrificio es demasiado grande. En esos momentos, quiero que recuerdes por qué empezaste. ¿Qué fue lo que te impulsó a dar el primer paso? ¿Qué sueño, qué pasión o qué visión despertó esa llama en ti? Mantén siempre esa respuesta presente, porque será tu faro en las noches más oscuras y tu brújula cuando sientas que pierdes el rumbo.

*

Deja un legado más allá de ti. Cuando llegues a la cima, cuando mires hacia atrás y veas todo lo que has recorrido, sabrás que cada esfuerzo valió la pena. No por el reconocimiento externo o las recompensas materiales, sino por la satisfacción de haber creído en ti, enfrentado tus miedos y perseverado. Esa es la verdadera victoria: saber que diste lo mejor de ti, que no te rendiste y que hiciste realidad aquello que una vez fue solo un sueño.

*

Nunca olvides que lo que estás construyendo no es solo para ti. Este camino también es un legado. Tus esfuerzos, tu dedicación y tu visión tienen el poder de inspirar y transformar a otros. Quienes te observan —tu familia, tus amigos, tu comunidad— encuentran en tu historia una razón para creer en sus propios sueños. Cada paso que das no solo impulsa tu vida, sino que también crea un impacto en el mundo que te rodea. Agradece ese privilegio, abrázalo con humildad y sigue avanzando con determinación.

*

La acción es el puente hacia tus sueños. Ya tienes más claridad sobre lo que significa emprender, sobre los desafíos que enfrentarás y las herramientas que puedes usar para superarlos. Ahora es el momento de ponerlo todo en práctica. Recuerda: la acción es el puente entre tus sueños y la realidad. No permitas que los miedos o las dudas te detengan. Ellos estarán ahí, pero tú eres más fuerte.

*

No camines solo. Aunque el emprendimiento puede parecer un camino solitario, no tiene por qué serlo. Busca mentores, compañeros de viaje, aliados que compartan tu visión. Rodéate de personas que te impulsen, que te reten a ser mejor, que celebren tus éxitos y te levanten en los días difíciles. Nunca subestimes el poder de la comunidad; en ella encontrarás apoyo, inspiración y sabiduría que te ayudarán a avanzar.

*

Fallar no es fracasar. Si alguna vez tropiezas o enfrentas un revés, recuerda que cada obstáculo y cada error son oportunidades para aprender, crecer y adaptarte. Lo importante no es qué tan rápido llegues a tus metas, sino la resiliencia que demuestres en el proceso. Considera cada caída como una señal de que estás avanzando, y cada lección como un paso hacia un éxito más sólido y significativo.

*

Cierra este libro, pero abre tu futuro. Gracias por permitirme acompañarte en este viaje. Este libro fue escrito para ti, para cada persona que sueña con algo más grande, algo mejor. Ahora es tu turno. Ve, sueña en grande, actúa con valentía y crea el impacto que estás destinado a dejar en el mundo. Estoy seguro de que harás algo extraordinario.

*

¡Cree en ti y construye la vida que mereces vivir!

SOBRE EL AUTOR

Alfredo Olvera es ingeniero en Electrónica y Comunicaciones de profesión, y empresario por pasión. Desde muy joven se inició en la actividad empresarial. Es fundador de varias empresas y actualmente es un hombre consolidado con gran éxito y una experiencia de más de 28 años en el ramo de comercio exterior y aduanas.

A finales del 2010, se une a la industria del *network marketing*, que suma a su formación altamente profesional.

Es cofundador de **Cursos para tu Éxito**, que ofrece formación de alta calidad.

Su trayectoria lo ha llevado a compartir sus experiencias, convirtiéndose en **conferencista internacional**. Pertenece a la Asociación de Conferencistas Hispanos y su intenso gusto por compartir experiencias lo llevó a sumarse al equipo de Maxwell Leadership.

Alfredo está certificado como *speaker*, *coach* y entrenador de liderazgo. Con ello, comparte la filosofía y los programas del Dr. John C. Maxwell y va por su camino sumando valor a su entorno.

Es autor de *El éxito es para todos* y *Seis modelos fáciles para generar ingresos* online. *¡Emprende ya!*

Su misión de vida es transparente, está enfocada en seguir compartiendo experiencias y ser el impulsor de éxitos que acerque las oportunidades más extraordinarias a las personas, para que logren sus metas personales, financieras y vivan una vida plena.

PÁGINA WEB, REDES SOCIALES Y CONTACTO

Facebook: @ImpulsorDeExitos

LinkedIn: @alfredoolvera

Instagram: @Alfolvera

www.AlfredoOlvera.com

Email: contacto@alfredoolvera.com